Susan Lusk / Mark Gabor

111 Geschäfte in New York, die man erlebt haben muss

111

W0078319

emons:

Bibliografische Information der Deutschen Nationalbibliothek
Die Deutsche Nationalbibliothek verzeichnet diese Publikation
in der Deutschen Nationalbibliografie; detaillierte bibliografische
Daten sind im Internet über http://dnb.d-nb.de abrufbar.

© Emons Verlag GmbH
Alle Rechte vorbehalten
Gestaltung: TIZIAN Books, nach einem Konzept
von Lübbeke | Naumann | Thoben
Fotografien © Susan Lusk, außer: Amorino Gelato by Amorino Gelato; Laura
Lobdell by Marc Yankus; Tisane Pharmacy (oben) by Jo-Anne Elikann; Vintage
Thrift Shop by Vintage Thrift; Casa de las Velas Originalgemälde by Bordoñez.
Deutsche Fassung: Monika Elisa Schurr
Redaktion: Constanze Keutler
Satz und digitale Bearbeitung: Gerd Wiechcinski
Kartografie: altancicek.design, www.altancicek.de
Kartenbasisinformationen aus Openstreetmap, © OpenStreetMap-Mitwirkende, ODbL
Druck und Bindung: B.O.S.S Druck und Medien GmbH, Goch
Printed in Germany 2015
ISBN 978-3-95451-455-7
Aktualisierte Neuauflage, März 2015

Unser Newsletter informiert Sie
regelmäßig über Neues von emons:
Kostenlos bestellen unter
www.emons-verlag.de

Vorwort

Von Afghanistan bis Zimbabwe sind in der Acht-Millionen-Stadt New York Hunderte von Kulturen zu Hause, in ethnischen Enklaven wie Little Italy oder Chinatown, in Kirchen aller Konfessionen, in Tausenden exotischer Restaurants und in einer grenzenlosen Vielzahl von Geschäften.

Durch den niemals versiegenden Strom von Einwanderern in seiner historischen Identität gewachsen, ist der Big Apple die internationalste aller Metropolen, *die* Weltstadt unter den Weltstädten, gerade auch, weil sie noch immer den größten Schmelztiegel der Nationen bildet – elegant, verwahrlost, verspielt, bierernst, ehrgeizig, banal und berühmt für seine »attitude«, jenes besondere Gemisch aus Stil und Haltung.

Der wilde Multi-Kulti-Mix lässt auch die Läden vielgestaltiger ausfallen als anderswo, vom Lolli für kaum einen Dollar bis zu unschätzbarer Kunst gibt es hier für jeden Geldbeutel und Geschmack etwas.

Die einzige Konstante ist der Wandel: Alte Viertel entwickeln sich zu hyper-hippen Zentren des Zeitgeists. Die altbekannte Orchard Street etwa, in der einst jüdische Händler von ihren Karren aus Waren feilboten, ist verschwunden; an ihrer Stelle stehen trendigste Boutiquen, Bars, Restaurants und Clubs. Chelsea, ehedem Arbeiterviertel, hat sich zum Mittelpunkt des schwulen und lesbischen Lebens gemausert. Hier finden sich auch die angesagtesten Kunstgalerien.

Ebenso unterliegen die Geschäfte dem stetigen Wandel: vom Schuster zur Sushi-Bar, vom Nähladen zum Nagelstudio, von der Apotheke zum Avantgarde-Tempel.

Unser Buch kann kaum mehr als an der Oberfläche dieses Shopping-Paradieses kratzen. Für jedes porträtierte Geschäft wurde ein Dutzend anderer verworfen. Schließlich haben wir uns für die breiteste Palette entschieden: von ein paar Klassikern abgesehen für die spezialisiertesten, schrägsten, stylishsten, obskursten. Vor allem aber für die *faszinierendsten* Läden dieser unglaublichen Stadt.

Fangen wir einfach an!

111 Shops

1 ABC Carpet & Home
Die Zauberer von Oz

Sie kennen den magischen Moment, in dem die in einer Schwarz-Weiß-Welt lebende Dorothy aus »Der Zauberer von Oz« ihre Haustür öffnet und die Welt zum ersten Mal in leuchtenden Farben sieht? Genauso ist es, wenn Sie aus den grauen Häuserschluchten des Flatiron District in dieses gigantische, glitzernde Emporium treten und zunächst die Luft anhalten. Auf Straßenebene geleiten Sie Ihre Sinne durch ein Inselmeer atemberaubender Displays, vorbei an Eilanden der Wohnkultur, Designerschmuck, verlockenden Düften, Kosmetika, Beleuchtungswelten in weichem Licht ...

Nahtlos gehen Schönheit und Magie ineinander über – in dieser Welt für sich, die Theater, Bildung, Bewirtung und Kunst umfasst, die mehr ist als eine Kauflandschaft mit Ambiente, sondern dem Bild von der »heiligen Heimstatt« neues Leben einhaucht. Dieser Anspruch zeigt sich auch in der Philosophie des Hauses, das ein Angebot »an der Schnittstelle von Design und Nachhaltigkeit« auffährt, um es den Kunden zu ermöglichen, sich »ein Heim als Ausdruck individueller Vorstellungen und Werte zu schaffen«.

Begonnen hat dies alles als Ein-Mann-Schubkarren-Unternehmen, das in den 1890er Jahren Teppich- und Linoleumreste verkaufte. Mittlerweile zum größten Einrichtungshaus der Welt avanciert, bietet ABC sechs Stockwerke im Hauptgebäude voller Möbel und anderer wohnlicher Dinge, wobei die oberste Etage ausschließlich handgewebte Läufer, oft Designerstücke, präsentiert. Ein Nebengebäude gegenüber verkauft auch Teppiche. Neuere Abteilungen, die sich einem ganzheitlichen, homöopathischen und nachhaltigen Lebensstil verpflichten, widmen sich Edelbekleidung und Lebensmitteln.

Auf Sternekoch-Niveau erholen können Sie sich in einem der beiden gefeierten Restaurants im Erdgeschoss – ABC Kitchen und ABC Cocina. Auf diesem Archipel erreicht die Evolution des Shoppens ihre Spitze. In New York – und vielleicht auf dem ganzen Planeten. Herzlich willkommen in Oz.

Adresse 888 Broadway (Ecke 19th Street), New York 10003, Tel. +1 212.473.3000, www.abchome.com, info@abchome.com | **Anfahrt** Subway: 14 St-Union Sq (L, N, Q, R); Union Sq (4, 5, 6); 23 St (N, R), Bus: M 1, M 2, M 3, M 5, M 14, M 23 | **Öffnungszeiten** Mo – Mi, Fr – Sa 10 – 19 Uhr, Do 10 – 20 Uhr, So 12 – 18 Uhr

2 A&J Lingerie & More
Zieh dich anständig aus

Die Stufen zu diesem Laden in einem unscheinbaren Sandstein-gebäude, der gern als »New Yorks bestgehütetes Geheimnis« etiket-tiert wird, verpasst man leicht, und das ist auch gut so. Inhaber Jimi Bure zufolge dient die Treppe als Barriere; sie schreckt Glotzer ab, die sonst von der Straße hereinkämen, um sich beim Anblick der Sex-Requisiten ihren Kick abzuholen. Jim glaubt an gesunde Gren-zen und wirft jeden hinaus, der sich anrüchig benimmt.

Schließlich ist er ein Familienmensch. Der Beweis: Jeden Tag arbeitet er Vollzeit – gemeinsam mit Mutter Ida, einer fürsorglichen, energischen Latina, die jedem, den sie mag, Süßigkeiten zusteckt. Zur familiären Atmosphäre trägt eine züchtige Nichte bei, die die Kundschaft vorn bedient, wo pinke Wände von sündiger Wäsche für jeden Geschmack, jede Farbe und Größe einschließlich Übergrößen gesäumt sind. Die meisten der feschen Fetzen gibt es nur in einer für alle. »Die behält man ja nicht besonders lange an«, zwinkert Ida.

Der hintere Teil ist Jimis Domäne: Sexspielzeug, das 70 Prozent des Umsatzes ausmacht. Hier findet man die übliche Auswahl an Vibratoren, Liebeskugeln, Dildos, Sex-Spielen, anzüglichem Party-bedarf und Neuheiten wie etwa penisförmigen Plätzchenformen.

Begonnen hat A&J als Damenmodegeschäft; als jedoch in den 1990er Jahren der Absatz zu bröckeln begann, sagte sich Jimi: »Was sich immer verkauft, in guten wie in schlechten Zeiten, das sind Drogen, Alkohol und Sex.« Also eröffneten Mama Ida und er einen preisgünstigen Dessous-Shop. Der Laden kam an, und die Klien-tel – zumeist Frauen – fragte immer häufiger nach dem allerletzten heißen Schrei.

Die Ware in Kombination mit den drei Generationen von Ver-käufern ergibt ein einzigartiges Ambiente – einladend, entspannt, sicher –, aber vor allem auch spaßig. Nichts ist etepetete; man wird nicht gedrängt zu kaufen. Die Preise sind ohnehin unschlagbar. Hier bleibt eben alles in der Familie.

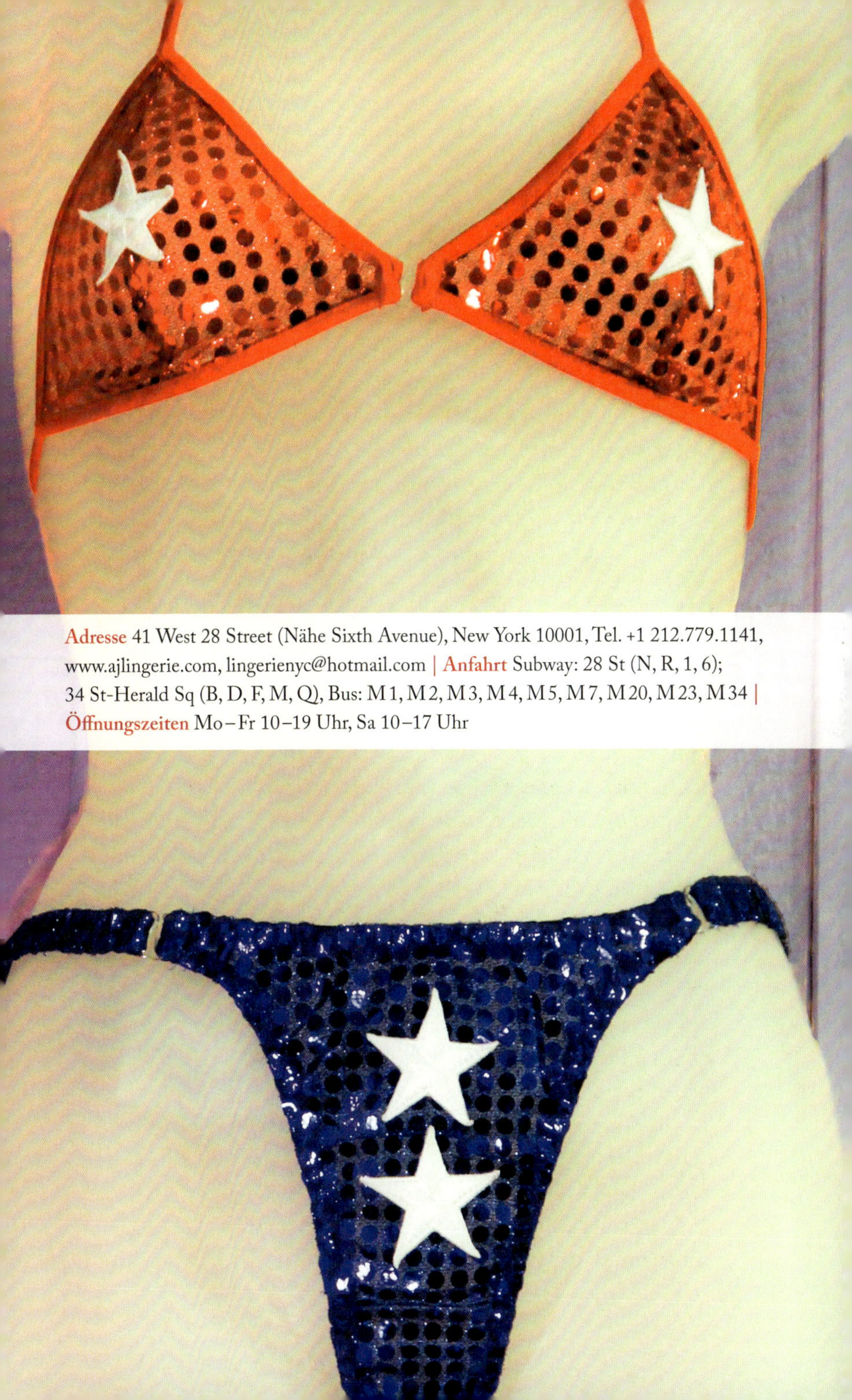

Adresse 41 West 28 Street (Nähe Sixth Avenue), New York 10001, Tel. +1 212.779.1141, www.ajlingerie.com, lingerienyc@hotmail.com | **Anfahrt** Subway: 28 St (N, R, 1, 6); 34 St-Herald Sq (B, D, F, M, Q), Bus: M 1, M 2, M 3, M 4, M 5, M 7, M 20, M 23, M 34 | **Öffnungszeiten** Mo–Fr 10–19 Uhr, Sa 10–17 Uhr

3 Amorino Gelato

Eisblumen

Sie sind reif für eine Erfrischung, und Ihr Auge hat Lust darauf, mitzuessen? Dann gibt es nur eines: Amorino in East Village, wo aus Hörnchen regelrechte Eisblumen gezaubert werden. Versierte Magier der kühlen Köstlichkeiten bringen das cremige *gelato* in die Form einer blühenden Rose, wobei jedes Blütenblatt aus einer anderen Sorte Eis Ihrer Wahl bestehen kann – wie etwa brasilianische Passionsfrucht, gesalzener Karamell, belgische Spekulatius mit Zimt. Stellen Sie sich Ihre eigene frostige Leckerei aus einer Palette der erfindungsreichsten Geschmacksrichtungen zusammen, die überhaupt vorstellbar sind, im Zweifelsfall alle mehr als 20 davon auf einmal.

Das Kunst-Eis wird hier täglich frisch in kleinen Mengen und nach italienischer Tradition von Spezialisten hergestellt, und zwar nur aus natürlichen Zutaten ohne künstliche Aromen oder Farbstoffe.

Im Angebot sind neben Eiscreme, Sorbets und Granitas – besonders feinem Wassereis –, *foccacinas* – Plunder mit Eisfüllung –, Waffeln, Crêpes mit Eis oder warmer Schokolade, eine Auswahl von italienischen Kaffeesorten und Softdrinks, Kuchen, Trüffelpralinen und anderen italienischen Konfekten.

Das Unternehmen wurde von zwei italienischen Freunden gegründet und führt über 50 *gelaterias* weltweit. Flagship-Store ist der New Yorker Salon, der mit seinem Neorenaissance-Charme täglich unzählige Süßmäuler anzieht – Eltern mit Kindern nach der Schule, Einheimische auf eine Kaffeepause, Touristen bei der Erholung von der Sightseeingtour, Studenten, flirtende Paare. Sie genießen die kühlen Delikatessen im Flair der Alten Welt auf Lederbänken oder gemütlichen Stühlen am künstlichen Kamin samt fröhlichen Putten und schmeichelnder Musik. *Amorino* bedeutet Engelchen und bezieht sich auf »jenen hinterlistigen Knaben, der Sie dazu bringt, sich in dieses Eis hier zu verlieben«.

Machen Sie also keine halben Sachen und pflücken Sie sich eine Blume vom Wegesrand!

Adresse 60 University Place (Ecke 10th Street), New York 10003, Tel. +1 212.253.5599, www.amorino.com, ny@amorino.com | **Anfahrt** Subway: 14 St-Union Sq (4, 5, 6, Q, L); 8 St-NYU (N, R); West 4 St (A, B, C, D, E, F, M), Bus: M 1, M 2, M 3, M 5, M 8, M 14, M 102, M 103 | **Öffnungszeiten** So–Do 11–23 Uhr, Fr, Sa 11–24 Uhr

4 Amy's Bread

Das tägliche Brot

Der Mensch lebt nicht vom Brot allein? Sicher, so heißt es. Bei Amy's allerdings hat man die Kunst des Backens auf eine Ebene gehoben, die den biblischen Spruch einigermaßen herausfordert; tagtäglich kommen knusprige Brote und süßes Gebäck aus den Öfen, die zum Feinsten gehören, was New York an Backwaren zu bieten hat. In Manhattan gibt es drei Filialen: das Original mit einem kleinen Café in Hell's Kitchen, eine in Chelsea Market, die auch hauchdünne Pizza anbietet, und eine in Greenwich Village.

Amy's verbindet europäische Backkunst mit einer besonders bewussten Beziehung zur Kundschaft und den Angestellten: »unsere Backfamilie«. Das Ziel ist es, »Bäckereien und Cafés zu schaffen, deren handgemachte Spezialitäten Körper und Seele nähren – und so gut schmecken, wie sie aussehen«. Dies geschieht ausschließlich unter Verwendung natürlicher Zutaten, langsamer Gärung und dem völligen Verzicht auf künstliche Zusätze. Gebacken wird mit in der Region erzeugten Milchprodukten, Eiern und Früchten der Saison.

Herzstück der enormen Popularität jedoch ist das unverbesserlich kreative Tagesangebot. Die Brote sind mit französischen und griechischen Oliven, kalifornischen Walnüssen, Pekannüssen aus Texas oder heimischen Kräutern verfeinert; daher gibt es jeden Tag 20 verschiedene Teigsorten, die zu einmaligen Brotlaiben geformt werden, jeder mit besonderem Aroma und einzigartiger Beschaffenheit: wie etwa Milchbrötchen mit Haferflocken, Beeren oder Zimt, Muffins mit Fruchtfüllung, Schokoladen-Kirsch-Brötchen, Donuts mit Apfelsoße, Cashew-Karamell-Stangen, Zitronenschaumkuchen, Kokos-Sahnekuchen und mindestens zehn verschiedene Sorten Plätzchen.

Wir vergaßen zu erwähnen, dass Amy's auch eine große Auswahl an Sandwiches und Salaten anbietet? Machen wir uns nichts vor: Hier ist es unwiderstehlich, der Frage nachzugehen, ob der Mensch tatsächlich vom Brot allein nicht leben kann.

Adresse 672 Ninth Avenue (Nähe 47th Street), New York 10036, Tel. +1 212.977.2670, www.amysbread.com, info@amysbread.com | **Anfahrt** Subway: 50 St (C, E); 42 St-Port Authority (A); 49 St (N, Q, R), Bus: M 11, M 20, M 34, M 42, M 50, M 104 | **Öffnungszeiten** Mo−Di 7.30−22 Uhr, Mi−Fr 7.30−23 Uhr, Sa 8−23 Uhr, So 8−22 Uhr

5 Annie & Company Needlepoint and Knitting

Mehr als nur eine Masche

Zunächst ist da ein langer, langer Faden. Er mag dünn und zart sein oder dick und robust. Eine raffinierte Choreographie von Stichen, Mustern und Maschen verwandelt diesen Faden schließlich mit großer Magie – oder großem Glück – in ein tragbares Kleidungsstück, wahlweise in einen zierenden Farbtupfer in Ihrer Möbellandschaft. Da sich das unter den Händen Werdende so langsam und mühevoll ins Leben einfädelt, ist der Stolz auf das Ergebnis entsprechend größer als die Freude an einem fertig gekauften Pulli oder Wurfkissen.

Stricken ist eine praktische Fertigkeit; so entsteht primär warme, zweckmäßige Kleidung. Das Sticken hingegen ist eine dekorative Technik, die Stoffe verschönert. Beides bedarf großer Geschicklichkeit, und beides wird zur Kunst, sobald Phantasie und Kreativität sich mit einweben.

Annie & Company ist der einzige Laden in Manhattan, der beide Nadeldisziplinen unter einem Dach vereint. Annie eröffnete ihr Stickereigeschäft 2002; eine warme, einladende Atmosphäre wollte sie schaffen, in der die Kunden nicht nur das Gesuchte kaufen, sondern sich direkt vor Ort niederlassen und lossticken konnten. Später kam der Strickbedarf hinzu; Annies Expertenteam im Laden verhalf dem Doppelkonzept zum Erfolg. Anfänger werden hier ausführlich und freundlich durch alle Phasen ihres Handarbeitsprojekts hindurch beraten. Kurse und Privatunterricht gibt es für jedes Niveau.

Hier finden Sie die großzügigste Auswahl an Stick und Strick in New York City: bedrucktes und handbemaltes Leinen oder Spezialnadeln für Sticker, waschbare Naturfasern oder handgefärbte Garne für Stricker; eine große Muster- und Designbibliothek für beide. Was immer Ihr Stil in Textil: Hier geht es gemütlich und leger zu; Leute kommen herein, lassen die Nadeln blitzen oder klappern – oder plaudern ein bisschen. So ist der ganze Laden: mehr als eine simple Masche.

Adresse 1763 Second Avenue (Ecke 92nd Street), New York 10128, Tel. +1 888.806.7200, www.annieandco.com, annie@annieandco.com | **Anfahrt** Subway: 96 St (6); 86 St (4, 5, 6), Bus: M 15, M 31, M 86, M 96, M 102, M 103 | **Öffnungszeiten** Mo–Fr 11–18 Uhr, Sa 11–17 Uhr, So 12–17 Uhr

6 Apple Store Grand Central
Tempel einer Ikone

Die Vermählung von Technologie und Kunst – das war das Genie Steve Jobs'. Nirgendwo ist das offenkundiger als auf dem Ostbalkon des Grand Central Terminal, wo Sie sich ausgiebig mit Apples neuesten Errungenschaften befassen können – vor der Kulisse eines gigantischen Tempels von architektonischer Erhabenheit. Erheben Sie den Blick – ausnahmsweise – über iPad-Niveau und betrachten Sie etwa den restaurierten Tierkreis an der Decke, die glänzenden Goldlüster oder die Opaluhr an der Information, die 20 Millionen Dollar wert ist. Einst stellte Kodak hier seine Bildwände zur Schau – damals als technisches Wunder bestaunt. Es gibt sowohl klassische Führungen als auch Audio-Tours, die Geschichten und Geheimnisse des historischen Gebäudes ausleuchten.

Heute beherbergt das 100 Jahre alte Juwel des Jugendstils Apple, die Ikone technologischen Fortschritts im Informationszeitalter, und sie haben mehr gemein als nur Grund und Boden. Ganz buchstäblich ist Grand Central über seine den Kontinent umspannenden Schienennetze das Tor zu Amerika. Apple avancierte zum Tor einer virtuell vernetzten Welt. Für beide war der Weg zum Erfolg steinig; oft sahen sie sich existenziell bedroht. Nur Jackie Onassis' Bemühungen ist es zu verdanken, dass der Bahnhof in den 1970er Jahren nicht abgerissen wurde. Auch Apples Achterbahnfahrt zum Erfolg ist Legende.

Über dem Gedränge der täglich über 750.000 Pendler lässt es sich in Apples 23.000 Quadratmeter großer Technikblase gelassener angehen. Das Unternehmen zahlt jährlich eine Million Dollar Miete und versorgt das ganze Terminal mit Gratis-WLAN. Hier begegnen Ihnen die üblichen Tische mit Probier-mich-aus!-Produkten, Workshops, zwei Genius Bars, an denen sich i-Mysterien ergründen lassen, und eine Verkaufszone. Für die Pendler schließlich, die im Galopp shoppen, gibt es einen Abholbereich für Käufe, die sie im Zug getätigt haben über – Dingdong! – Apples App.

Adresse 45 Grand Central Terminal (Ecke Lexington Avenue), New York 10017, Tel. +1 212.284.1800, www.apple.com/retail/grandcentral | **Anfahrt** Subway: 42 St-Grand Central (4, 5, 6, 7, S), Bus: M 1, M 2, M 3, M 4, M 42, M 101, M 102, M 103 | **Öffnungszeiten** Mo–Fr 7–21 Uhr, Sa 10–19 Uhr, So 11–18 Uhr. Der Apple Store an der Fifth Avenue & 59 Street ist 24/7 geöffnet.

7 Argosy Book Store
Der Oh-mein-Gott-Laden

Bücherwürmer? Keineswegs. Argosy tritt den Beweis an, dass man kein elitärer Pedant sein muss, um ein Weltklasse-Antiquariat zu führen. Die würdige, ruhige Atmosphäre des Ladens, der Duft der gilbenden Seiten, die golden bedruckten Bücherrücken in den Regalen entsprechen zwar dem traditionellen Image vom Elfenbeinturm, das heilige Hallen wie diese eben ausmacht – allerdings sind Argosys Bücher äußerst zugänglich, ob Sie nun durch die Schnäppchen am Eingang blättern oder sich berühmte Autogramme im Wert von Tausenden von Dollar ansehen. Die lässig gekleideten Bibliophilen, die hier arbeiten, widmen sich mit Hingabe Ihren Fragen und speziellen Interessen.

1925 gegründet, wird das Familienunternehmen nun von der dritten Generation geführt. Alle fünf Stockwerke dieses Hauses von der vorletzten Jahrhundertwende quellen über von Americana, modernen Erstausgaben, Autogrammen, Kunst, antiken Karten, Drucken, Geschichtswerken der Wissenschaft, der Medizin, des Krieges oder des Friedens.

Nehmen Sie sich Zeit zum geruhsamen Stöbern. Nachdem Sie die größere Büchersammlung im Erdgeschoss und im Keller durchgesehen haben, fahren Sie mit dem Aufzug zur Argosy Gallery im zweiten Stock, die auf alte Karten, Schautafeln, Originaldrucke, Stiche und Holzschnitte spezialisiert ist. Ein Must-see ist der fünfte Stock, den die Inhaber nur als Oh-mein-Gott-Raum bezeichnen, denn hier finden Sie Signaturen und Sehenswertes der Berühmten und Berüchtigten: Filmstars, Präsidenten, Wissenschaftler, Sportler, literarische Größen, Theaterstars, Politiker und Prominente jeder Kategorie.

Im Eingangsbereich locken Kästen mit reduzierter Ware ins Innere, das von Raritäten überbordet, einige davon – zugegeben – nur für Betuchte erschwinglich. Argosy sieht seine Mission darin, »Geschenkideen für jeden noch so phantastischen und ungewöhnlichen Menschen in Ihrem Leben« zu bieten. Vielleicht sind dieser Mensch ja Sie.

Adresse 116 East 59th Street (Nähe Lexington Avenue), New York 10022,
Tel. +1 212.753.4455, www.argosybooks.com, argosy@argosybooks.com | **Anfahrt** Subway:
59 St-Lexington Ave (4, 5, 6, N, Q, R); 63 St-Lexington Ave (F); Lexington Ave-53 St
(E, M), Bus: M 1, M 2, M 3, M 4, M 31, M 57, M 101, M 102, M 103 |
Öffnungszeiten Mo–Fr 10–18 Uhr, Sa 10–17 Uhr (außer in den Sommermonaten)

8 AsiaStore at Asia Society
Museum im Museum

Von Weltklasse bis na ja! Hunderte von Museen gibt es wohl in der Metropole, viele davon mit Souvenirshops. Von ein paar haustypischen Artikeln abgesehen ist das meiste, was angeboten wird, Standardware. AsiaStore macht eine leuchtende Ausnahme, denn was Sie hier finden, ist stets außergewöhnlich.

Im gleichen Moment, in dem Sie an den wellenförmigen, an Shoji-Schiebetüren erinnernden Sichtschutzwänden vorbeigleiten, die den Shop vom Lobbyeingang abtrennen, befinden Sie sich auf einer magischen Reise nach Fernost. Entdecken Sie schimmernde Seide und handgefärbte Stoffe an kunstvoll gearbeiteten Kleidern, Taschen und Accessoires; bewundern Sie mundgeblasene Vasen, die mit der Schönheit der Blumen darin wetteifern; bestaunen Sie einzigartigen Schmuck, der aus überraschenden Materialien und Steinen gearbeitet ist; stoßen Sie auf Briefpapier, Drucke der Exponate des Museums und auf originelle Interpretationen klassischer Haushaltswaren. Lassen Sie Muster, Strukturen und Farben auf sich wirken, während exotische Klänge und Düfte Ihre Sinne einhüllen. Stöbern Sie in der großen Buchabteilung mit Werken über asiatische Kunst, Küche, Literatur und Philosophie.

Ziel der Asia Society, der Museum wie Shop gehören, ist es, traditionelle wie zeitgenössische asiatische wie asiatisch-amerikanische Kunst einem immer breiteren Publikum zugänglich zu machen. Der Laden ist stolz auf sein elitäres Angebot an Design und Literatur; präsentiert werden die renommiertesten Marken Asiens und die Arbeiten talentierter Designer und Kunsthandwerker in verschiedenen Medien – viele davon exklusiv hier. Jeder Kauf unterstützt einen aufstrebenden Künstler.

Der Shop in sich ist eine kuratierte Sammlung, für die asiatische Märkte nach markanten neuen Designs, traditioneller Kunstfertigkeit und alten Schätzen abgesucht werden. Der »Zagat's 2013 New York City Shopping Guide« staunt: »Ein kleines Museum im Museum.«

Adresse 725 Park Avenue (Ecke 70th Street), New York 10021, Tel. +1 212.327.9217, www.asiastore.org, asiastore@asiasociety.org | **Anfahrt** Subway: 68 St-Hunter College (6), 63 St-Lexington Ave (F), Bus: M1, M2, M3, M4, M15, M66, M72, M101, M102, M103 | **Öffnungszeiten** Mo–So 11–18 Uhr, Fr 11–21 Uhr

9__Beads of Paradise
Glasperlenspiele

Dieser Überschwang! Ein enormer Sog geht von den prächtigen Farben aus, ja der ganze Laden wirkt wie ein verlockend verpacktes Geschenk. Nur ein paar Schritte vom Union Square in einer Seitenstraße gelegen, ist Beads of Paradise bekannt für seine sich wandelnden Schaufensterdisplays. Treten Sie ein, und der Effekt vervielfältigt sich durch ein erstaunliches Spektrum an Perlen und Kunstgegenständen aus aller Welt. Afro-Beats, Hindustani-Remixes und eine warme Begrüßung geleiten Sie wie von selbst ins Innere.

Das freundliche Team aus versierten Kunsthandwerkern, die einen Großteil des ladentypischen Schmucks herstellen, führt Sie durch eine schier endlose Sammlung von ornamentalen Elementen. Hier lässt sich das ganz persönliche Schmuckstück aus einer großen Auswahl von Holz, Muscheln, Metall, Glas, Bernstein, Halbedelsteinen, Gold und Silber zusammenstellen. Wählen Sie aus antikem europäischem Handelsglas, westafrikanischer Emaille, nepalesischen Gebetsperlen oder australischen Opalen. Anfänger wie Fortgeschrittene können entsprechende Wochenendkurse buchen.

Da die Inhaber auf der Suche nach Außergewöhnlichem die ganze Welt bereisen, ist auch die Kunst- und Kuriositätensammlung aus diversen exotischen Ländern bemerkenswert: handgewebte Seidenschals aus Thailand, indianische Kunst, afrikanische Grabkeramik. Jedes Stück hat Bedeutung und steht für eine Zeit vor der Massenproduktion. Themendarstellungen wecken das Verständnis für die Kulturen, die sie porträtieren: afghanischer Nomadenschmuck etwa oder eine Wand mit Artefakten vom mexikanischen Tag der Toten.

Vorrangig jedoch dreht sich noch immer alles um die Perle und deren ewige Bedeutung für die Rituale der Menschheit. Von elementaren Techniken und Werkzeugen der Schmuckherstellung bis zu tausendjährigen Glasperlen aus China liegt hier alles bereit, um vom Paradies für geschichtsbewusste Ästheten nicht nur träumen zu müssen.

Adresse 16 East 17th Street (Nähe Fifth Avenue), New York 10003, Tel. +1 212.620.0642, www.beadsofparadisenyc.com, info@beadsofparadisenyc.com | **Anfahrt** Subway: Union Sq-14 St (N, Q, R, L, 4, 5, 6); 14 St (F), Bus: M 1, M 3, M 5, M 7, M 14 | **Öffnungszeiten** Mo–Sa 11–19.30 Uhr, So 12–18.30 Uhr

10__Bellydance America
Alles für das Bauchgefühl

Gelangweilt vom eintönigen Schwarz und Grau des *urban chic*? Allein die Farb- und Klunker-Therapie ist es wert, in diesem exotischen Modegeschäft vorbeizuschauen. Drinnen fühlt man sich wie zum Marktplatz eines fernen Landes mit betörender Musik und hypnotischem Glitzer gebeamt. Die handgeschnitzten Regale sind mit Schätzen beladen, und 100 Trommeln bilden eine Formation. Marokkanische, beduinische und ägyptische Waren hängen von der Decke und schmücken die Wände. Hier gibt es kunstvoll gearbeitete Kostüme, Häkel-, Perlen- und Münzenschals, Amulette, Wunderlampen, Schmuck, Musikinstrumente, Tanzschwerter, Originalgemälde, Wandteppiche. Antik und Modern werden Seite an Seite präsentiert, trendige Stile neben Klassikern. Kokette Komplettoutfits mit Oberteil und Gürtel, funkelnder Kopfschmuck, Haute Couture und Maßgeschneidertes bringen Sie bald in Versuchung, jene Verführerin zu werden, die in Ihnen schlummert.

Bellydance America ist das Mekka für Liebhaber orientalischer, nordafrikanischer und südasiatischer Mode, Musik und Tanzstile. Das Inhaberpaar Hanna und Jehan unterhalten Sie mit fesselnden Geschichten und sind jederzeit für Spontaneinlagen in ihrer Kunst zu haben. Ihre Leidenschaft steckt an.

Dabei ist die Boutique aus Tausendundeiner Nacht der erste – und bislang einzige – Laden seiner Art in New York City. Im Herzen des *Fashion District* gelegen, verfügt Bellydance America über geräumige Tanz- und Musikstudios, die Künstler und Stars aus aller Welt anziehen. Auch Bands und Orchester aus dem Vorderen Orient proben hier; sofern man den rechten Zeitpunkt erwischt, wird man ein kostenloses Livekonzert erleben. Angeboten wird auch Unterricht in Salsa, Kizomba, Burlesque, Hip-Hop, Ballett, Jazz und Trommeln. Internationale Top-Lehrerinnen unterweisen in der Kunst des Bauchtanzens. Wer ihm bis dahin noch nicht traute, wird ihm hier trauen lernen: dem Bauchgefühl.

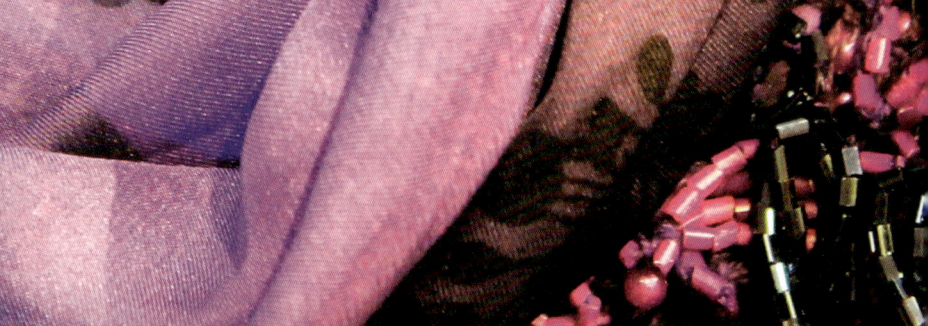

Adresse 265 West 37th Street (Nähe Eighth Avenue), Suite 203, New York 10018, Tel. +1 212.768.4888, www.bellydanceamerica.com | **Anfahrt** Subway: 34 St-Penn Sta (A, C, E); 42 St-Times Sq (1, 2, 3, 7, N, Q, R), Bus: M 7, M 20, M 34 | **Öffnungszeiten** Di–So 11–19 Uhr

11_ C.O. Bigelow
Amerikas älteste Apotheke

Seit über 175 Jahren Pionier der Heilkunst: C.O. Bigelow, gegründet 1838, ist die älteste Apotheke der USA. Noch heute, an ihrem ursprünglichen Standort in Greenwich Village, erhält man hier die Tradition individuell gefertigter Heilmittel aufrecht.

Trotz der Invasion der Billig-Drogerieketten, die sich mittlerweile an jeder Ecke finden, bleibt Bigelow eine der Hauptattraktionen des Viertels, da weit mehr als eine simple Pillentheke. Es ist ein Ort der Entdeckungen und Begegnungen. Das Angebot umfasst eine breite Palette schwer beziehbarer internationaler Schönheitsprodukte, Bio-Kosmetika und homöopathischer Arzneien. Apropos Arznei: Viele Produkte sind tatsächlich nach dem Arzt benannt, der sie ursprünglich kreiert hat. Jedes einzelne erzählt die ganz eigene Geschichte seines pharmazeutischen Werdegangs. Die eigene Bio-Hautpflegeserie kombiniert jahrhundertealte Geheimtipps mit modernen Zutaten aus aller Welt.

Zur Kundschaft gehörte schon immer die A-Prominenz – wie Eleanor Roosevelt, Mark Twain oder Thomas Edison. Heute trifft man hier etwa auf Susan Sarandon, Calvin Klein oder Sarah Jessica Parker. Aber auch die eigene Produktlinie der erschwinglicheren Preisklasse, die auf überlieferten Rezepturen und natürlichen Ingredienzien basiert, hat eine treue Fangemeinde. So enthält etwa die oft verwendete Apothekerrose ätherische Öle und wichtige Nährstoffe für die Haut. Traditionell wird ihr nachgesagt, sogar gegen Verdauungsprobleme, Halsschmerzen, Haut- und Augenreizungen zu helfen.

Die so kompetente wie aufmerksame Fachbedienung ist stolz darauf, als *ehrlich, echt, vertrauenswürdig* zu gelten, wie es in diesem eleganten, salonähnlichen Geschäft mit prächtigen Lüstern auf hohen Säulen geschrieben steht. Einen Besuch in der ehrwürdigen New Yorker Institution beschreibt ein Stammkunde als »ein Einkaufserlebnis, das nicht ein Sahnehäubchen krönt, sondern Geschichte satt«.

Adresse 414 Sixth Avenue (Nähe 9th Street), New York 10011, Tel. +1 212.533.2700, www.cobigelow.com, customerservice@cobigelow.com | **Anfahrt** Subway: West 4 St (A, B, C, D, E, F, M); Christopher St-Sheridan Sq (1, 2); 14 St-6 Ave (1, 2, 3, F, L, M), Bus: M 1, M 2, M 3, M 5, M 7, M 8, M 14, M 20 | **Öffnungszeiten** Mo–Fr 7.30–21 Uhr, Sa 8.30–19 Uhr, So 8.30–17.30 Uhr

12 Blatt Billiards

Edles fürs Eldorado

Ein Blick an die Hinterwand zeigt Erstaunliches: Bis an die Decke stapeln sich im geräumigen Showroom kunstvoll geschnitzte und verzierte Billardtische – so hoch, dass sie in der eleganten Poolroom-Beleuchtung kaum noch zu sehen sind. Über 60 antike und maßgefertigte Billardtische verschiedener Epochen und zeitgenössischer Stilrichtungen, die von Hand mit Intarsien, Zierleisten und Verkleidungen bis zur Perfektion gearbeitet wurden, sind hier ausgestellt. Reproduktionen von historischen Modellen lassen sich schwer von Originalen unterscheiden, obwohl sie nur ein Drittel kosten. Jede der luxuriösen Repliken bauen die versierten Fachkräfte einzeln – formen Holz, polieren Ecken, schneiden Schieferplatten zu und setzen die Tische schließlich vor Ort zusammen. Zur Kundschaft gehören jene Reichen und Schönen, denen das Beste gerade gut genug ist.

Ihre Anfänge erlebte die Firma in den Roaring Twenties, als Geld und Schnaps frei und reichlich flossen und es in der Stadt mehrere tausend Billardhallen gab. Samuel Blatt begann Queues und Kugeln herzustellen und bot einen Reparaturservice für die lukrativen Etablissements an. Durch die mageren Jahre der Großen Depression brachte er seine Kunden, indem er Kredite verlängerte und abgenutzte Tische günstig restaurierte.

Während des Zweiten Weltkriegs dann wurden Amerikas junge Männer eingezogen, was Blatt die Möglichkeit bot, dem zusammengebrochenen Markt die Ausrüstungen abzukaufen. Dies verhalf ihm schließlich zur weltgrößten Sammlung antiker Billardtische.

Heute gibt es hier alles – von Queue-Spitzen bis zu gepolsterten Zuschauersitzen. Dutzende Dart-Sets erinnern daran, dass Blatt noch mehr bedeutet als Billard: Auch Schach, Backgammon, Shuffleboard, Airhockey und Football-Zubehör gehören zur Palette des Angebots. Für passionierte Spieler ist allein die Luft hier, in der der Geist aufregender Wettkämpfe liegt, bereits ein Eldorado.

Adresse 330 West 38th Street (Nähe Eighth Avenue), New York 10018, Tel. +1 212.674.8855, www.blattbilliards.com, info@blattbilliards.com | **Anfahrt** Subway: 42 St-Port Authority (A, C, E); 42 St-Times Sq (1, 2, 3, 7, N, Q, R), Bus: M 7, M 11, M 20, M 34, M 42, M 104 | **Öffnungszeiten** Mo–Fr 9–18.30 Uhr, Sa 10–17 Uhr

13 Bluestockings Books
Anarchisten erwünscht

Schon immer auf lauten Sohlen: Ehedem nannte sich eine Gruppe fortschrittlicher englischer Frauen »Bluestockings« – Blaustrümpfe –, eine Bezeichnung, die später für Feministinnen allgemein übernommen wurde. Aus dem 1999 eröffneten, damals rein frauenbewegten Laden wurde mit der Zeit das führende radikale Büchergeschäft und Aktivistencafé der Lower East Side – nicht zufällig der Geburtsort der amerikanischen Punkrock-Szene.

Heute von einem Kollektiv »mit Gewissen« geführt, bietet man hier alles, was LeserInnen des gesamten politischen Spektrums informiert, stimuliert und provoziert. Von Abu-Jamal bis Zizek: Das Angebot umfasst Belletristik wie Sachbücher, Nischenerotika und unabhängige Zeitschriften, die man sonst nirgends in der Stadt findet. Doch das ist noch längst nicht alles. Seine missionarische Philosophie lässt den sozialen Wert des Unternehmens erahnen: Bluestockings ist ein radikales Büchergeschäft, Fair-Trade-Café und Aktivistenzentrum. »Durch Worte, Kunst, Aktivitäten, Bildung und Gemeinschaft sind wir bemüht, einen Ort zu schaffen, der alle Menschen willkommen heißt. Bewegungen, die Hierarchien und Unterdrückungssysteme in Frage stellen, unterstützen wir aktiv ..., indem wir unsere Räumlichkeiten und Ressourcen für Treffen, Veranstaltungen und Recherche zur Verfügung stellen. Wir bieten Bildungsprogramme an, die strategisches und visionäres Denken fördern – auf eine Gesellschaft hin, die grenzenlos kreativ, wahrhaft demokratisch, gerecht, ökologisch und frei ist.«

Hier finden diverse Events statt – Podiumsdiskussionen, Filmpremieren und Talkrunden, die Berühmtheiten wie die Protestband Pussy Riot, die Journalistin Amy Goodman oder Anarcho-Autor David Graeber anziehen. Kommen Sie auf eine Tasse Tee vorbei, lesen Sie Ihre Morgenzeitung oder Ihr politisches Manifest an einem ruhigen Fensterplatz – und sehen Sie der Welt, die niemandem gehört, eine Weile beim Drehen zu.

Adresse 172 Allen Street (Nähe Rivington Street), New York 10002, Tel. +1 212.777.6028, www.bluestockings.com, info@bluestockings.com | **Anfahrt** Subway: 2nd Ave (F), Bus: B 39, M 9, M 14A, M 15, M 21 | **Öffnungszeiten** täglich 11–23 Uhr

14 Books of Wonder
Harry Potter trifft Oz

Kaum haben Babar und Coco, der neugierige Affe, Sie durch die Drehtüren geleitet, finden Sie sich im magischen Reich Ihrer Kindheit wieder, selbst dann, wenn Sie in Wahrheit ein kleiner Racker an der Hand zerrt.

Alle Ihre Freunde aus alten Lieblingsbüchern hausen in diesen höhlenartigen Räumen und freuen sich über das unverhoffte Wiedersehen. Sind Sie mit einem Kind hier oder suchen Sie ein Geschenk, so werden Sie in diesen Regalen jeden aktuellen Titel und jeden Klassiker finden. Die Atmosphäre ist einladend, fröhlich und fern der Hast. Kinder sitzen im Schneidersitz in den breiten Gängen und blättern versunken zwischen Bücherstapeln auf dem Boden.

Der ursprüngliche Laden in Greenwich Village war reales Vorbild für den Film »You've Got Mail« – »E-m@il für Dich«, in dem die Inhaberin, gespielt von Meg Ryan, von einer Bücherkette bedroht wird, die sie aus dem Geschäft zu drängen versucht; eine David-und-Goliath-Parabel auf die Situation des Einzelhandels. Was den Bücherladen lebendig erhielt, während viele Ketten scheiterten, liegt in seiner Zugewandtheit, der Wissenstiefe und Liebe zum Buch begründet, die in anonymen Megastores einfach fehlt. Inhaber Peter Glassman – der im richtigen Leben – hat das Geschäft in einen sozialen Treffpunkt des Viertels verwandelt, in dem sich Bekannte wie Fremde einfinden. Wöchentlich finden Lesungen, Signierstunden und diverse Events statt. Eine Snackbar sorgt fürs leibliche Wohl der Lesehungrigen.

Kein Bücherladen der Stadt verfügt über ein derart umfangreiches Angebot für kleine Leseratten. Ebenfalls sehenswert: die Galerie mit gerahmten Bilddarstellungen aus Büchern aller Epochen und die imposante Bibliothek mit antiken Schmökern und Raritäten. Books of Wonder gab auch alle 14 Bände der »Fantastischen Welt von Oz« samt Originalillustrationen unter eigenem Namen neu heraus. Hier stehen nicht nur »Die Chroniken von Narnia«, sondern restlos alle Bücher zum Staunen.

Adresse 18 West 18th Street (Nähe Fifth Avenue), New York 10011, Tel. +1 212.989.3270, www.booksofwonder.com, info@booksofwonder.com | **Anfahrt** Subway: 18 St (1, 2); 14 St (F, M); 14 St-Union Sq (4, 5, 6, L, N, Q, R), Bus: M 1, M 2, M 3, M 5, M 7, M 14, M 20, M 23 | **Öffnungszeiten** Mo–Sa 10–19 Uhr, So 11–18 Uhr

15 Bowne & Co. Stationers

Ewigkeiten guter Presse

Die Trommeln und Pfeifen des »Yankee Doodle« spontan im Ohr, fühlt man sich zurückversetzt in die Zeit der Amerikanischen Revolution, als New York sich zum wirtschaftlichen Epizentrum der Kolonien und der neuen Geschäftszweige entwickelte, die überall aus dem Boden sprossen. 1775 gegründet, ist Bowne & Co. eines der ältesten Geschäfte der Stadt, die Druckpresse tut noch immer ihren Dienst, und der Souvenirladen zieht Besucher aus aller Welt an. Auch an seinem heutigen Standort in der Water Street – Teil des South Street Seaport Museum – bietet Bowne & Co. als antiker Schreibwaren- und Druckladen eine authentische Erfahrung aus der Frühzeit der USA.

Vor fast 250 Jahren gründete Kaufmann und Philanthrop Robert Bowne ein Kurzwarengeschäft. Aufgrund der Nähe zu den Banken und Investmentfirmen der Wall Street spezialisierte er sich später auf Papierwaren und Druck, insbesondere von Finanzdokumenten. Original-Inventarlisten führen Schreibpapier mit Goldrand, Strohpapier, Tage- und Logbücher. Die beweglichen Holz- und Metalllettern etwa oder die historische Briefkopierpresse erinnern an Zeiten, in denen noch alles von Hand gemacht wurde. Auch heute kurbeln versierte Drucker für Kunden mit einer Vorliebe für manuell ausgeführte Kleinaufträge oder aus der Zeit gefallene Kuriositäten Maschinen aus dem 19. Jahrhundert an; Druckermeister Robert Warner ist immer zur Hand, um seine Künste vorzuführen.

Bownes Souvenirladen lockt mit einer Auswahl kreativer Andenken, die auf den charmanten Anno-dazumal-Pressen hergestellt werden. Sie möchten jemanden beeindrucken? Wie wäre es hiermit: Eine Karte von »Lower Manhattan circa 1835«, Einblattdruck? Ein Set von sechs Untersetzern mit klassischen Schrifttypen? Eine gedruckte Abenteuergeschichte mit abwechselnden Bildern und Buchstaben als Bilderrätsel? Oder verschiedene witzige Ansichtskarten? Was immer Sie mit nach Hause nehmen: Die Presse ist tagesfrisch.

Adresse 209–211 Water Street (Nähe Fulton Street), New York 10038,
Tel. +1 646.315.4478, www.southstreetseaportmuseum.org, bowneprinters@seany.org |
Anfahrt Subway: Fulton St (2, 3, 4, 5, A, C, J); City Hall (R), Bus: M 9, M 15, M 22, M 103 |
Öffnungszeiten täglich 11–19 Uhr

16 Brooklyn Botanic Garden Shop

Laden Eden

»Lage, Lage, Lage!«, heißt es nicht ohne Grund. Einer der vielen, die dafür sprechen, einmal hier vorbeizuschauen, ist – genau! – die Location. Am Rande des 21 Hektar großen Brooklyn Botanic Garden malerisch in die Landschaft eingeschmiegt, liegt der offizielle Giftshop des Gartens nur eine Straßenbreite vom Brooklyn Museum und nicht mehr als ein paar weitere Schritte von Prospect Park und seinem beliebten Zoo entfernt. Hier lässt sich gut einen ganzen Tag lang die grüne Idylle in aller pastoralen Herrlichkeit erkunden und nebenbei Kunst und Kultur von Weltrang tanken. In Brooklyn!

Der lichtdurchflutete Laden Eden möchte inspirieren, bilden und bietet garantiert das richtige Mitbringsel, ob nun für Ihre Fensterbank oder den Rasen im Vorgarten – vielleicht ein pittoresk-verwegener Bonsai, ein nicht weniger schräger Kaktus, eine sündige Orchidee oder eine tropische Sukkulente? Hier bestechen Getopftes für drinnen und farbensatte Saisonpflanzen für draußen das Auge; eine große Auswahl an Saatgut und Zwiebeln aller Sorten erfreut das Herz des Privatgärtners jeder Couleur, vom Hobby-Gemüsezieher bis zum exotisch orientierten Spezialisten. Kleine Paradiese: Klassische und kugelförmig hängende Terrarien führen sogar jene in Versuchung, die ohne grünen Daumen geboren wurden.

Doch ist hier mehr versammelt als die Prominenz des Zierpflanzenreichs; Sie finden auch eine große Auswahl an Blumentöpfen, keramischen Zierelementen, Gartengeräten, ein gut sortiertes Regal mit Fachliteratur, naturinspirierten Schmuck, Kleidung, Beauty-Produkte und Spiele. Für jedes Budget ist etwas dabei.

Während Sie in den gepflegten Anlagen des Botanic Garden lustwandeln, genießen Sie in vollen Atemzügen eine der prächtigsten Attraktionen New Yorks: Brooklyns Stück vom Himmel in beinahe freier Natur – und in erster Lage.

Adresse 990 Washington Avenue (Nähe Classon Avenue), Brooklyn 11225, Tel. +1 718.622.0963, http://shop.bbg.org, shop@bbg.org | **Anfahrt** Subway: Eastern Pkwy-Brooklyn Museum (2, 3); Prospect Park (B, Q, S); Franklin Ave (4, 5), Bus: B 48, B 45 | **Öffnungszeiten** Di–So 10–18 Uhr

17 __ Brooklyn Ice Cream Factory

Leuchtturm der Eiszeit

Ob zu Wasser oder zu Land – das Holzgebäude mit dem hoch aufragenden Leuchtturm über der alten Anlegestelle Fulton Ferry Landing sticht schon von Weitem ins Auge. 2001 wurde das ungenutzte Bootshaus aus den 1920er Jahren neu erfunden und avancierte schnell zu einem der beliebtesten Eislokale Brooklyns. Seine besondere Lage gestattet eine spektakuläre Aussicht auf das Panorama New Yorks samt der Freiheitsstatue, der majestätischen Skyline Manhattans und der berühmten Brooklyn Bridge – so nah, dass man sie fast berühren kann.

Den Eissalon eröffnete kurz nach 9/11 Mark Thompson; seither stellt er seine Spezialitäten in kleinen Mengen, acht Geschmacksrichtungen und ohne Konservierungsstoffe her. Seine kühlen Köstlichkeiten besingt die »New York Times« als »cremig, ätherisch leicht und perfekt ausgewogen. Sie schweben Ihnen förmlich in den Mund«. Das Puristen-Eis mit der hausgemachten Note liegt voll im Trend – von den großzügigen Portionen ganz abgesehen. Das Topping, der Sirup und alle anderen Zutaten sind sämtlich natürlich – ob man nun Hörnchen, Eisbecher, Milkshakes, Bananensplits oder eine der anderen phantasievollen Kreationen bevorzugt. Die Beschaffenheit ist altmodisch und leicht körnig; die Süße begrenzt sich auf ein gaumenkitzelndes Minimum. Mit dem pappigen Zeug, das in großen Mengen die Fabriken großer Marken verlässt, hat diese Eiscreme keinerlei Ähnlichkeit.

Lange Schlangen von Stammschleckern und Touristen samt ungeduldigen Kindern stehen vor den Eingangstüren der Factory und reichen bis auf die Plaza, von wo aus man den atemberaubenden Blick hat.

Natürlich kommt man gut mit öffentlichen Verkehrsmitteln zur Ice Cream Factory, einschließlich der East River Ferry, die praktisch vor den Türen an- und ablegt. Wer aber kann der Versuchung widerstehen – schönes Wetter vorausgesetzt, weder Regen noch Eiszeit –, über die historische Brooklyn Bridge hierherzulaufen?

Adresse 1 Water Street (Nähe Old Fulton Street), Brooklyn 11201, Tel. +1 718.246.3963, www.brooklynicecreamfactory.com | **Anfahrt** Subway: High St (A, C); York St (F); Clark St (2, 3), Bus: B 25 | **Öffnungszeiten** täglich 12 – 22 Uhr

18 The Brooklyn Kitchen & The Meat Hook

Im Zeichen der Zwillinge

Diese beiden sind mehr als nur Fleischer und Küchenkrämer unter einem Dach. So einzigartig wie erfolgreich bilden sie in ihrer Liebe zu Qualität und Bewusstheit einen komplett ausgestatteten »Kochladen«, der mit großem Engagement Souveränität in der Küche und Sicherheit im Umgang mit Werkzeugen und Zutaten vermittelt. Jedes erdenkliche Küchenutensil führt man hier, bietet handwerklich orientierte Kochkurse, hat Frischwaren, Qualitätsmehle, Gewürze, regional hergestellte und abgepackte Waren im Angebot – und ist eine erstklassige Metzgerei. Dies alles, damit Ihnen das Kochen Freude bereitet und Sie ein Essen auf den Tisch zaubern können, das die Bezeichnung verdient.

Der Initialfunke zündete im Jahr 2006, als die Inhaber Taylor und Harry in ihrem Williamsburger Hinterhof die Trauben ernten wollten: Nirgendwo in der Nachbarschaft gab es die nötigen Einmachgläser oder Pektin, um Gelees und Konfitüren herstellen zu können. Als sie sich dachten, dass andere willige Genießer vor Ort vor demselben Problem standen und einen Laden brauchtes, in dem sie ihr erstes gutes Messer kaufen konnten, war die Gründungsidee geboren.

Zunächst verkauften sie nur Kochgerätschaften und -bücher. Als sie dazu übergingen, bei Live-Demonstrationen Schweine zu schlachten – während ein Dutzend Menschen zusah, wie aus einer Sau Koteletts wurden –, waren diese Kurse im intimen kleinen Kreis schnell ausverkauft. Das Publikum und seinesgleichen – ernsthafte Amateur-Gourmets – bildeten einen klaren Nischenmarkt. Dann eröffnete in der Nähe eine Gruppe junger Metzger The Meat Hook, eine nach individuellen Wünschen arbeitende Fleischerei, die sich auf in der Region grasendes Weiderind und Delikatessen rund um die Wurst spezialisiert hatte. Als sich »Kitchen« und »Meathook« schließlich zusammentaten, ergab sich eine glückliche Verbindung, die sich fortan zwei Dingen widmete: der Liebe zum Essen und dem Geschmack.

Adresse 100 Frost Street (Nähe Leonard Street), Brooklyn 11211, Tel. +1 718.389.2982, www.thebrooklynkitchen.com, info@thebrooklynkitchen.com | **Anfahrt** Subway: Metropolitan Ave (G); Lorimer St (L), Bus: B 24, B 43, B 48, B 62, Q 59 | **Öffnungszeiten** Mo – Sa 10 – 20 Uhr, So 12 – 18 Uhr

19 Casa de las Velas

Es werde Licht

Ein Ort der Erhellung. Die traditionelle *botanica* ist ein Geschäft, das Kerzen, Glücksbringer und andere spirituelle Gegenstände verkauft; in der Regel sind sie mit *Santería* assoziiert, einer Religion westafrikanisch-karibischen Ursprungs, in der sich der römische Katholizismus mit anderen, archaischen oder esoterischen Glaubensinhalten mischt. Mission und Daseinszweck einer *botanica* ist es, bedürftigen Seelen zu helfen. Von Asthma über das Liebesleben und Rechtsstreitigkeiten bis hin zu Depressionen reicht die Palette der Zuständigkeiten. Das »Haus der Kerzen« ist die älteste *botanica* der Stadt; 1921 eröffnet, verschafft die Casa noch heute der multikulturellen Gesellschaft des Viertels Heilerlebnisse. Nicht nur werden hier spirituelle Wunderdinge angeboten, sondern auch religiöse Beratungen, oft begleitet von Segnungen, um den Einkauf mit diviner Kraft aufzuladen.

Unübersehbar zeigen sich die mannigfaltigen religiösen Einflüsse in den fremdartigen Gottheiten, die von der Decke hängen, in der Vielzahl der in den Regalen aufgereihten Figuren katholischer Heiliger, die sich mit den heidnischen Göttern daneben bestens vertragen. Ebenso eindrucksvoll: die Mischung aus Devotionalien und populären Volksarzneien. Im hinteren Teil des Ladens gibt es alle Arten frischer und getrockneter Heilkräuter sowie Weihrauch, Talismane, Kerzenskulpturen, Badesalze und sogar segensreiche Putzmittel. Weitere Heillehren empfehlen Honig, Öl, Parfum, Gewürze und Mineralien. Zusätzlich steht eine große Auswahl an Fachliteratur bereit.

Casa de las Velas ist ein Zentrum für afro-karibische Traditionen: Hier nehmen sich Santería, Espiritismo, Palo Mayombe und andere der guten und bösen Geister an – zuweilen auch schwarzer Magie. Das Böse soll über Erkenntnis und Erleuchtung gebannt werden. Letztere kann ganz leicht erlangt werden, indem eine Kerze angezündet wird – und das entsprechende Licht aufgeht.

Adresse 60 East 116th Street (Nähe Madison Avenue), New York 10029,
Tel. +1 212.722.4999, rosamaria1029@gmail.com | **Anfahrt** Subway: 116 St (6), Bus: M 1,
M 102, M 103, M 116 | **Öffnungszeiten** Mo–Sa 10–18 Uhr, So 12–18 Uhr

20__Casey Rubber Stamps

Der gute Eindruck

Gummistempel sind nicht so Ihr Ding? Dann müssen Sie unbedingt diese einzigartige kleine Werkstatt besuchen. Oder mit dem unnachahmlichen John Casey plaudern, der seit den frühen Achtzigern in New York City Gummistempel von Hand fertigt. Mit seinem zwinkernden Humor und seiner irischen Schlagfertigkeit ist Casey immer ein anregender Gesprächspartner, ob es nun um Kunst, Wissenschaft, das Wetter oder eben seine riesige Sammlung von Stempelvorlagen geht.

Der winzige Laden hat etwas Magisches, und das Zugerammelte ist Teil seines Charmes. Vom Boden bis zur Decke sind die Wände mit den dreidimensionalen Prägehölzern bestückt, die zweidimensionale Grafiken erzeugen – wobei die digitale Technik es erlaubt, aus jeder beliebigen Bilddatei etwas Stempelbares zu zaubern. Was die eine Hälfte des Geschäfts ausmacht. Die andere besteht im Verkauf von vorgefertigten Stempeln ab drei Dollar.

Wo sonst findet man ein solches Potpourri aus den skurrilen Figuren von »Alice im Wunderland«, Raben, Fröschen, Tintenfischen, Heißluftballons, Spinnweben, der Skyline von Manhattan oder sogar lebensgroßen Bettwanzen? Oder kann aus einem Katalog mit über tausend Vorlagen wählen, die von klassischen über viktorianische bis zu postmodernen Motiven reichen?

Während die meisten der Stempel an Grafiker, Künstler und Modefreaks weggehen, zieht das Geschäft in East Village auch viel Laufkundschaft an, die zufällig an der schmalen Fassade vorbeischlendert: Die nächste chillige Party-Einladung oder das etwas coolere Briefpapier wären gesichert. Was niemanden verwundern wird: Kinder zählen zur treuesten Kundschaft.

Bei den Öffnungszeiten und Geschäftsbedingungen gibt sich der Inhaber so eigenwillig wie charmant: »Geöffnet, so nicht geschlossen. Geschlossen, so nicht geöffnet. Wir sind kinder-, hunde- und exzentrikerfreundlich.« Casey: »Auf meinem Grabstein soll einmal stehen: *Er hinterließ einen guten Eindruck.*«

Adresse 322 East 11th Street (Nähe Second Avenue), New York 10003,
Tel. +1 917.669.4151, www.caseyrubberstamps.com | **Anfahrt** Subway: 1st Ave-14 St (L);
Astor Pl (6), Bus: M 8, M 15, M 14, M 102, M 103 | **Öffnungszeiten** Mo–Di 14–20 Uhr,
Mi–Sa 13–20 Uhr

21__Chelsea Market
Land des Essens

Er ist New Yorks trendigste kulinarische Attraktion, und wenn Sie die endlosen Ströme von Menschen, die sich durch die verschlungenen Gänge wälzen, nicht stören, dann werden Sie Chelsea Market als die internationalste Fressorgie erleben, die irgend vorstellbar ist. Bei heimischen wie touristischen Leckermäulern gleichermaßen vergrößern die über 40 ethnischen und In-Restaurants das fassungslose Auge, stechen in die Nase und verführen den Gaumen. Es gibt auch ein paar Nonfood-Geschäfte wie Friseur, Buchladen, Zeitungsstand, aber der Schwerpunkt liegt ganz schamlos auf dem Essen.

Eine Entdeckungsreise durch den Indoor-Basar führt an Speisen und Getränken aus buchstäblich jedem Winkel der epikureischen Welt vorbei. Alles bekommen Sie hier: von Krustentier bis Kamerun-Nuss und von Pastete bis *gelato*: Brote, Crêpes, Sushi, Gewürze, Tacos, Wein, Spirituosen, Fleisch, Meeresfrüchte, Gebäck, Kräuter, Käse, Obst, Gemüse, Tee, Kaffee, Fein- und Reformkost, um nur einiges zu nennen. Schmausen Sie sich den Weg frei oder nehmen Sie die feinen Sachen für zu Hause mit, falls die Disziplin reicht.

In einem ganzen Block des hyper-hippen Meatpacking District gelegen, teilt sich Chelsea Market das Gebäude mit High-Tech-Firmen wie YouTube und Google; da kann es schon mal cool werden.

Am bemerkenswertesten jedoch ist die Gebäudelandschaft. Ursprünglich eine Keksfabrik, gilt der Komplex heute als »wiedererschlossen postindustriell«: von Läden gesäumte Tunnels mit nackten Backsteinwänden und Torbögen, polierte Betonböden, frei liegende Rohre und Schächte, gigantische Lüftungsanlagen, gerippte Decken, offen liegende Stahlträger, Steinbänke, Architektur von Abrissen, Kunst und im Zentrum ein Brunnen in psychedelischen Farben, den ein Abflussrohr speist. Diese »Schöne neue Welt« grüßt mit einem eingebauten Augenzwinkern. Bringen Sie Hunger mit, aber schalten Sie auch Ihre anderen Sinne voll auf Empfang!

Adresse 75 Ninth Avenue (Ecke 15th Street), New York 10011, Tel. +1 212.652.2110, www.chelseamarket.com, michael@chelseamarket.com | **Anfahrt** Subway: 14 St (A, C, E); 8th Ave (L); 14 St (1, 2, 3), Bus: M 11, M 14, M 20 | **Öffnungszeiten** Mo–Sa 7–21 Uhr, So 8–20 Uhr

22 __ Chess Forum
Das Schweigen der Spieler

Daran würden Sie glatt vorbeigehen? Sicher. Diesem Laden sieht man nicht an, was er zu bieten hat. Perfekt getarnt reiht er sich in die Mietshäuser der reizenden Straße in Greenwich Village ein; hierher findet nur, wer gezielt danach sucht.

Dabei ist das Chess Forum gewissermaßen eine Institution, der letzte Überlebende jener legendären alten Enthusiastenläden in Manhattans ehemals so bezeichnetem »Schach-Bezirk«, nur ein paar Blocks südlich der bekannten öffentlichen Schachtische im Washington Square Park und des weltberühmten »Marshall Chess Club« gelegen, in dem der dreizehnjährige Bobby Fischer einst das »Jahrhundertspiel« gewann. Noch immer zieht der Spezialladen für den Hirnkitzel Fanatiker an, die auf eine gute Partie aus sind – oder die Nähe anderer Schach-Freaks suchen.

Das Forum wurde 1995 als Begegnungsstätte gegründet. In der gemütlichen Atmosphäre lässt es sich wunderbar über einem Spiel entspannen und dabei Tee oder Kaffee schlürfen. Sogar die eigene Weinflasche darf man sich mitbringen. Die Bandbreite des Publikums ist eindrucksvoll: von Kleinkindern bis zu Senioren, von Anfängern bis zu Großmeistern, von Studenten bis zu Professoren; darüber hinaus kommen Künstler, Wissenschaftler, Polizisten, Ex-Knackis und – echte Stars. Der Verkaufsbereich bietet eine große Auswahl anderer Brettspiele an – wie Dame, Domino, Go oder Mah-Jongg. Die gut sortierte Fachbibliothek lädt zum Schmökern ein; käuflich zu erwerben sind die Bücher auch.

Und natürlich gibt es Lieblingsmomente. Inhaber Imad Khachan wird nie vergessen, wie Rockstar David Lee Roth regelmäßig Schachunterricht im Forum nahm. Eines Tages erkannte ihn ein Kunde und fragte ihn, ob er wirklich »Diamond Dave« sei. Dieser erwiderte: »Hier drinnen bin ich nur irgendein Typ namens David. Da draußen aber, sobald ich die Sonnenbrille aufhabe, werde ich zu Diamond Dave, und dann bin ich für niemanden zu sprechen.«

Adresse 219 Thompson Street (Nähe Bleecker), New York 10012, Tel. +1 212.475.2369, www.chessforum.com, info@chessforum.com | **Anfahrt** Subway: West 4 St (A, B, C, D, E, F, M); Houston St (1, 2, 3), Bus: M 5, M 21 | **Öffnungszeiten** täglich 11–24 Uhr

23_ CityStore
Menschen nicht ohne Hunde

Wohin gehen, wenn man ein echtes Stück New York City mit nach Hause nehmen möchte? Wie etwa eines der Hufeisen, mit denen die mächtigen Rösser der berittenen Polizei beschlagen sind? Eben. In der Lobby des Municipal Building – dem Rathaus, eines der Wahrzeichen der Stadt – in Manhattans Civic Center findet sich diese verborgene kleine Schatzkiste. Der fröhlich bunte Laden voller Original-Andenken, von denen es viele nur hier gibt, gehört der Stadtverwaltung.

Eröffnet wurde er 1981 als eher uninspirierte Verkaufsstelle für das Telefonbuch, obskure Veröffentlichungen der Stadtregierung und ein paar Souvenirs. Als man das Potenzial schließlich erkannte, wurde der Laden erweitert, in CityStore umbenannt und in ein Paradies für Souvenirjäger verwandelt, das lizenzierte Waren verschiedener Stadtdezernate vertreibt: Polizei, Feuerwehr, Stadtreinigung, Parks, Subway. Die Auswahl ist enorm: von den üblichen Hüten, T-Shirts und Magneten bis zu Seidenschals, Babysachen, Spielzeug, 3-D-Puzzles und Büchern über den Big Apple. Einige der Stücke sind dabei so skurril wie unwiderstehlich: Originalschilder aus Parks (»Central Park«, »Battery Park«, »Keine Menschen außer in Begleitung von Hunden!«), Vintage-Taxilizenzen, Untersetzer in Gulliform, Manschettenknöpfe der U-Bahn …

Einen Block weiter und direkt neben der Heiratsvermittlung befindet sich ein dem CityStore angegliederter Blumenladen; hier künden die Sträuße samt Extras stolz: »I Got Married in NYC«. Selbstverständlich ist bei den mit Strass verzierten Baseball Caps für die Brautleute an der Kappe für die Dame ein weißer Schleier angenäht.

Im CityStore finden Sie Mitbringsel für absolut jeden – sich selbst eingeschlossen. Das Gebäude mit seiner majestätischen Fassade ist ein Hingucker für alle mit einem Auge für traditionelle Architektur. Gekrönt wird es von der drittgrößten Statue der Stadt – »Civic Fame«. Sie stellt eine Frau dar, keinen Hund.

Adresse 1 Centre Street, North Plaza (Nähe Chambers Street), New York 10007, Tel. +1 212.639.9675, www.nyc.gov/citystore, citystore@dcas.nyc.gov | **Anfahrt** Subway: Brooklyn Bridge (4, 5, 6); Chambers St (J); City Hall (R), Bus: M 9, M 22, M 103 | **Öffnungszeiten** Mo – Fr 10 – 17 Uhr

24 Deco Jewels
Nicht alles Gold

»Wenn ein kleiner Funke mein Gesicht zum Leuchten bringen kann, dann können ganz viele Funken einen Raum erhellen!« Dieser Gedanke war die Initialzündung einer Sammlerkarriere, deren Folgen bei Janice Berkson in Soho zu besichtigen sind – in Gestalt atemberaubender Vintage-Schmuckstücke und Lucite-Taschen. Der kleine Laden glitzert vor Schmuck aus den Roaring Twenties bis zu den psychedelischen Sixties: Halsketten, Armbänder, Ohrclips, Manschettenknöpfe von Kitsch bis Klasse. Und dann diese hinreißenden Geldbörsen aus den Fünfzigern!

Berkson hat immer gern geshoppt und sich posh angezogen; nach ergiebigen Schnäppchenjagden auf Flohmärkten und bei Secondhandbörsen hatten sich bald so viele mondäne Preziosen angehäuft, dass sie beschloss, einige davon zu verkaufen. Das war 1982 – lange vor Ebay! –; also mietete sie einen Stand bei einem Antikmarkt und hatte schnell 300 Dollar eingenommen. Als Superstars wie Madonna und Cyndi Lauper den Glitter und Glamour vergangener Tage mittels Strass-Ästhetik zu neuem Chic verhalfen, sah Berkson ihre Chance gekommen und zog nach Soho mit seinen Künstlern, Galerien – und Touristen. Als sie die Mid-Century Lucite-Taschen entdeckte, avancierte sie endgültig zur Sammlerin, die in ihnen »funktionale Kunstobjekte, ja Skulpturen« erblickte.

Die sich nach dem Zweiten Weltkrieg entwickelnde Konsumgesellschaft brachte modische Vielfalt hervor; kein letzter Schrei war mehr zu extravagant; die Schmuckbranche florierte, und die Lucite-Taschen und -Börsen aus stabilem Plastik kamen in allen erdenklichen Farben und Formen daher. Manche stellten mit ihren Seitentaschen oder Sets von Puderdosen, Feuerzeugen und Zigarettenetuis technische Wunderwerke dar – und sind heute bei Deco Jewels zu bestaunen. Berksons Leidenschaft ist ansteckend. Plaudern Sie ein paar Minuten mit ihr, und Sie werden sehen, wie Sie strahlen, auch wenn es kein Gold ist, das an Ihnen glänzt.

Adresse 131 Thompson Street (Nähe Prince Street), New York 10012,
Tel. +1 212.253.1222, decojewels@earthlink.net | **Anfahrt** Subway: Spring St (C, E);
Prince St (N, R); Houston St (1); Broadway-Lafayette (B, D, F, M), Bus: M 5, M 20, M 21 |
Öffnungszeiten täglich 12–19 Uhr

25 The Demolition Depot

Sechzehnhundert bis Sechziger

Entlang Harlems Hauptverkehrsader einigermaßen unerwartet: ein altes Lagerhaus voller Schätze. Seit über 40 Jahren sammelt Demolition Depot Gebäudeteile, darunter Bergungsgüter aus abgerissenen oder umgebauten Hotels wie dem Commodore, Biltmore oder Vanderbilt, des Audubon Ballroom, des Helen Hayes Theater oder des New York Life Building. Bevor ein historisches Gebäude in Staub versinkt, wird es auf Sammlerstücke hin durchkämmt, die Geschichte erzählen: der Kaminsims von John D. Rockefeller jr. etwa, Oscar Hammersteins Bürolüster, Pierre Cardins Art-déco-Bar aus dem Restaurant des Maxim. Das Spektrum reicht von 1600 bis 1960, von noch beinahe Mittelalter bis Mid-Century-Moderne.

Der Garten im Hof ist ein gespenstisches Wunderland, behaust von Terrakotta-Engeln, Wasserspeiern, Marmorvasen, stehen gebliebenen Uhren, Schlusssteinen, Gaslampen und anderen mysteriösen Wesenheiten aus Altmaterial. Das Erdgeschoss beherbergt Lampen von gruseligen Kandelabern bis zu kitschigen Kronleuchtern und Kisten mit Funktionalem bis Phantastischem – bis vollends Undefinierbarem. Die nächste Etage blitzt vor Bunt- und Bleiglas und antiken Möbeln. Weiter oben wartet ein regelrechter Wald aus Türen und Kaminplatten. Ganz oben schließlich: antike Sanitäranlagen, Öfen, Medizinschränkchen, Spiegel, Dutzende alter Fahrräder, die wie Fledermäuse vom Blechdach hängen.

Ansonsten schätzt Inhaber Evan Blum Wertgegenstände für Sotheby's und Christie's und berät Innenarchitekten bei der Einrichtung von Hotels und Luxusresidenzen. Sie hätten auch gern eine solche Replik im Stil einer bestimmten Epoche oder besäßen gern ein Stück Architekturgeschichte? Es wird geliefert, ganz gleich, welche Größe oder mit welchem Ziel. Zuletzt gingen noch eine Vintage-Bar nach Deutschland, Leuchtkörper nach Hongkong und Armaturen nach Tasmanien. Oder sehen Sie sich einfach um in diesem musealen Mekka. Anfassen erlaubt.

Adresse 216 East 125th Street (Nähe Second Avenue), New York 10035,
Tel. +1 212.860.1138, www.demolitiondepot.com, info@demolitiondepot.com |
Anfahrt Subway: 125 St (4, 5, 6), Bus: M 1, M 15, M 35, M 60, M 100, M 101, M 103 |
Öffnungszeiten Mo – Fr 10 –18 Uhr, Sa 11–18 Uhr

26___Doodle Doo's

Im Schnitt Spitze

Vorbei die Zeiten, als Eltern ihre Kinder noch mit allerlei Tricks in den Friseurstuhl befördern mussten. Heute können es die Kleinen gar nicht erwarten, auf einen der coolen Kindersitze des quietschbunten Ladens zu klettern und von einer der Expertinnen verwöhnt zu werden, die genau wissen, wie sie die Rangen kriegen. Der Friseursalon, Spielzeugladen und Kinderparty-Hotspot ist eine lustige Welt für sich. Auch im Angebot: Mini-Maniküren, Hochfrisuren, Ohrlochstechen oder ein simpler Ponyschnitt.

Jungen und Mädchen lieben die Friseurstühle, die treffender als Friseur-Taxis oder Friseur-Boote bezeichnet wären, während ihnen ein Monitor ihre Lieblingsvideos vorspielt. Gratis-Lutscher und -Kaugummis sind die Belohnung für jeden tapfer durchgestandenen Schnitt. Das erste Mal wird mit einer Urkunde, einer Geschenketüte und einer Locke für die Nachwelt belohnt.

Inhaberin Dana Rywelski, Mutter zweier Kinder, ist im heutigen Sprachgebrauch eine wahre »Momtrepreneurin«, Mutter und Unternehmerin zugleich. Die ehemalige Nanny mit einem Abschluss in Kindererziehung kennt sich bestens mit den Kämpfen rund ums Haareschneiden aus; daher kombiniert sie ihren Salon mit verlockendem Spielzeug und Kinderkleidung. Das Ergebnis ist eine Winwin-Situation für alle. Sobald die Kleinen fröhlich beschäftigt sind, sind auch die Eltern entspannt genug, um in den umweltfreundlichen Spielsachen, Büchern, Spielen und anderen Dingen zu stöbern, die in diesem quirligen Wunderland auf ihre Entdeckung warten.

Im Keller werden Geburtstagspartys ausgerichtet. Während Mädchen generell eine Glamour-Frisur bevorzugen, stehen Jungs mehr auf Gesichtsbemalung oder abwaschbare Tattoos. Wundern Sie sich nicht, wenn Sie das eine oder andere bekannte Gesicht entdecken; Stars wie Liv Tyler, Sarah Jessica Parker oder Kate Winslet lassen ihre Kinder hier gern verhätscheln. Das Spitzenschneiden ist schließlich erst der Anfang.

Adresse 11 Christopher Street (Nähe Greenwich Avenue), New York 10014, Tel. +1 212.627.3667, www.doodledoos.com, doodle@doodledoos.com | **Anfahrt** Subway: Christopher St-Sheridan Sq (1); West 4 St (A, B, C, D, E, F, M); 14 St (2, 3), Bus: M 1, M 2, M 3, M 5, M 7, M 8, M 14, M 20 | **Öffnungszeiten** Mo−Sa 10−18 Uhr, So 11−17 Uhr

27 Drama Book Shop
Bretter, die das Buch bedeuten

Ein stilles Drama: So viele unabhängige Buchläden bleiben im Rennen um die Käufergunst auf der Strecke, da ist es ein Zeichen der Hoffnung, dass Spezialisten mit Fachpersonal noch immer hervorragend mithalten: Im Drama Book Shop gibt es alles in gedruckter Form, was mit dem Showbusiness zu tun hat, ob Theater, Film oder Fernsehen. Auch die facettenreiche Auswahl an Multimedia-Materialien ist dem aufstrebenden Mimen dabei behilflich, originalgetreu Dialekt zu sprechen oder sich in klassische Posen zu werfen.

Nahe dem Times Square gelegen, dem lärmigen Theaterviertel des Broadway, gilt der Laden unangefochten als die beste Quelle der Stadt für Theaterstücke – mit 8.000 Skripten in verschiedenen Sprachen –, Songbooks, Biografien, Theaterzeitschriften und Ratgebern zum Thema Schreiben, Regie, Kostümbildnerei oder Filmtechniken. Sind Sie bereits im Geschäft und möchten ein Stück promoten, einen Schauspielkurs bewerben oder einen Vorsprechtermin ankündigen: Ihre Flyer und Karten sind willkommen.

Seit 1917 ist der Buchladen ein beliebter Treffpunkt der darstellenden Künste; man sieht jeden, vom Studenten bis zum Star. Tafeln kündigen Events und Casting Calls an; ein Spezialraum im Keller – hier begann »In the Heights« – bietet die berühmten Bretter für Proben, Vorträge und Workshops. Ständig wälzt sich ein Strom von Schauspielern durch die Räume und durchkämmt die Regale auf der Suche nach Bühnen-Erleuchtung. An Wochenenden rieseln über den bequemen Lesesesseln Broadway-Melodien aus den Lautsprechern. Ein engagiertes Team hilft Ihnen dabei, den richtigen Monolog fürs Vorsprechen oder die Reparaturwerkstatt für Ihre Tanzschuhe zu finden. Wegen seiner immensen Bedeutung für die Künstlergemeinde wurde dem Laden 2011 ein Ehren-Tony für »hervorragende Theaterleistungen« verliehen.

Einmal hier drinnen und Sie wissen sofort, ob Sie Teil dieser einzigartigen Erfahrung »sein oder nicht sein« wollen.

Adresse 250 West 40th Street (Nähe Eighth Avenue), New York 10018, Tel. +1 212.944.0595, www.dramabookshop.com, info@dramabookshop.com |
Anfahrt Subway: 42 St-Times Sq (1, 2, 3, 7, A, C, E, N, Q, R); 42 St-Bryant Park (B, D, F, M), Bus: M 7, M 11, M 20, M 34, M 42, M 104 | **Öffnungszeiten** Mo–Mi, Fr, Sa 11–19 Uhr, Do 11–20 Uhr, So 12–18 Uhr

28__East Village Cheese
Die Käsemönche

Was an diesem Geschäft unweit des Astor Place als Erstes ins Auge sticht, ist die Fassade. Eher sieht es nach einer riesigen Anzeigentafel aus als nach einem Schaufenster; unübersehbar werden in Handschrift die Angebote der Woche angepriesen.

Drinnen in diesem geschäftigen Laden, der nur Bargeld nimmt, warten schließlich in Tiefkühlregalen die Köstlichkeiten – Brie, Feta, Parmesan, heimische und importierte Käsesorten, Würstchen und Joghurt, alle zu unerwartet niedrigen Preisen. Etwas weiter gibt es eine feine Auswahl an frischem Brot, Baguettes, Bagels, Quiches und Kaffeebohnen. Gegenüber schließlich liegt das Herzstück des Ladens: eine breite, offene Theke mit einer eindrucksvollen Auswahl an Käsesorten aus aller Welt. Brie und Gouda sind die beliebtesten, aber butterzarten Danish Blue Castello, würzigen Morbier und finnischen Lappi bekommt man hier ebenso. Dazu gibt es Käsebegleiter wie Oliven, Aufschnitt, Kräcker, getrocknete Früchte, Würzsoßen.

Inhaber Al Kaufman, der vom Judentum zum Buddhismus konvertiert war, hatte in den 1990er Jahren Exiltibeter eingestellt, ehemalige buddhistische Mönche, die aus ihrem Land geflohen waren, um der chinesischen Besatzung zu entgehen. Einer hatte im Gefängnis gesessen, weil er öffentlich eine Abbildung der tibetischen Flagge gezeigt hatte. Zunächst arbeiteten die Flüchtlinge im hinteren Teil des Ladens und schnitten Käse. Schließlich lernten sie auch, wie man damit handelt.

Ihre sanfte Wesensart inspirierte Kaufman. Als er sich 2005 zur Ruhe setzte, bot er zweien der Tibeter den Laden an, Thupten Tenphel und Lobsang Tsultrim, die ihren Gelübden abschwören mussten, um das Angebot anzunehmen. »Es ist schwer, in Amerika Mönch zu sein«, sagt Tenphel. Seither haben die beiden weder die Käseauswahl noch das unscheinbare Interieur verändert. Der Verkaufsraum ist derselbe geblieben, die alte spirituelle Tradition jedoch hat ihm neues Leben eingehaucht.

Adresse 40 Third Avenue (Nähe 9th Street), New York 10003, Tel. +1 212.477.2601 |
Anfahrt Subway: Astor Pl (6); 8 St-NYU (N, R); Union Sq-14 St (4, 5, 6, 6X); 3rd Ave (L),
Bus: M 1, M 2, M 3, M 8, M 101, M 102, M 103 | Öffnungszeiten täglich 8.30–18.30 Uhr

29 Eataly NYC
Gemüse mit Ausblick

Im Schatten des Flatiron Building liegt New Yorks trendigster Tempel für shoppende Gourmets mit Faible für Italien. In der labyrinthischen Halle kocht die Luft vor Energie und Entdeckerfreuden; an jeder Ecke hört man die »Ohs« und »Ahs« flanierender Schlemmer angesichts der betäubenden Vielfalt von Aromen und verlockend arrangierten Speisen; überall, selbst bis in die letzten Winkel, sind die Gänge zum Bersten mit Spezialitäten gefüllt; es ist das organisierte Chaos – und es macht Spaß!

Der moderne Lebensmittel-Basar lädt Neugierige ein, sich auf eine Gaumenreise zu begeben und traditionelle italienische Gerichte, regional angebaute Produkte und kulinarische Kunstwerke in Häppchenform zu probieren. Der multifunktionale Marktplatz besteht aus Einzelgeschäften mit erstklassigem Fleisch, Fisch, Aufschnitt, Käse, Gemüse, Delikatessen, feinen Weinen; aus Cafés, kleinen Restaurants und einem Kochcenter samt Kursen und Live-Demonstrationen. Die Bedienung ist überaus freundlich, ganz gleich, ob Sie nun fürs Abendessen einkaufen, auf einen Snack vorbeikommen oder ein Gängemenü bestellen.

Lunch oder Dinner der neun Restaurants highlighten jeweils verschiedene Aspekte der authentischen italienischen Küche; sie liegen neben den Einkaufsläden, von denen sie ihre frischen Zutaten beziehen: »Le Verdure« neben den Frischgemüsen, »Il Pesce« gleich beim Fischhändler, »La Pizza & La Pasta« in der Nähe der Bäckerei; »Manzo's« dem Metzger benachbart. Pranzos Gabelfrühstück wird in »La Scuola«, der Kochschule, serviert; »Il Panini« hält stets eine Auswahl frischer Sandwiches bereit; »Rosticceria« serviert gegrilltes Fleisch, Hähnchen und diverse Antipasti; »Birreria«, Dachrestaurant und Brauerei, wartet mit eigenen Fassbieren, herzhaften Mahlzeiten und einem umwerfenden Blick auf die Skyline auf. Wer hier nicht war, war im Grunde auch nicht in Italien – jedenfalls nicht in dieser lukullischen Dichte. *Buon appetito!*

30__Economy Candy
Kindskopf als Kunstform

Als »Süßwarenladen, der zur Kunstform erhoben worden sei« adelte das »Gourmet Magazin« dieses Eldorado für distinguierte Naschkatzen. Seit 1937 ist der Laden eines der Kleinode der Lower East Side, wobei das alles keineswegs zuckrig begann. Ursprünglich handelte es sich um ein Schuhgeschäft, das an der Kasse Süßigkeiten verkaufte. Als das Naschwerk irgendwann besser ging als das Laufwerk, wurde umdisponiert.

Heute rette sich, wer kann; der Überfluss ist gigantisch. Überall locken vertraute, manchmal auch exotische Aromen und Konsistenzen: sauer, süß, herb, klebrig, weich, hart, fruchtig, nussig, schräg. Der Blick streift über museal anmutenden Spielkram, Bonbonpapier, Kisten und Dosen. Es ist wie eine Zeitreise in die Popkultur des frühen 20. Jahrhunderts.

Wer durch die Tür tritt, den pustet der Geruch von über 2.000 Sorten Süßigkeiten, Schokoladen, Trockenfrüchten und Nüssen beinahe um. Was man bei Economy Candy nicht bekommt, gibt es vermutlich überhaupt nicht mehr. Hier findet man jegliches Zuckerwerk, das einem einst die Kindheit versüßt hat – und auch schon die der Eltern: Mary Janes, Astro Pops, Tootsie Rolls, Pez, Gummibärchen, -fische, -würmer sowie jegliche andere gallertartige Kreaturen, Toffee-Pralinen, Geleebonbons, Ganztagslutscher von Überkopfgröße, Wunderkugeln, Schokoladeneier, Weingummi, Kaubonbon-Zigaretten und vieles mehr. Zuckerfreie und kalorienarme Naschereien, Präsentkörbe und handgegossene Schokoladen wurden beigesellt, um die sich stets im Wandel befindliche urbane Landschaft zu spiegeln.

Kinder des Jahrgangs 1937 etwa sind keineswegs zu alt, um sich hier mit den guten Sachen einzudecken. Die Inhaber, Vater und Sohn Jerry und Mitch Cohen, erzählen von Stammkunden, die mit leeren Koffern angerückt seien, um sie mit dem süßen Glück zu füllen. An Halloween verschenkt der Laden sogar eine ganze Lkw-Ladung davon. Der Haken: Man muss ein *echtes* Kind sein.

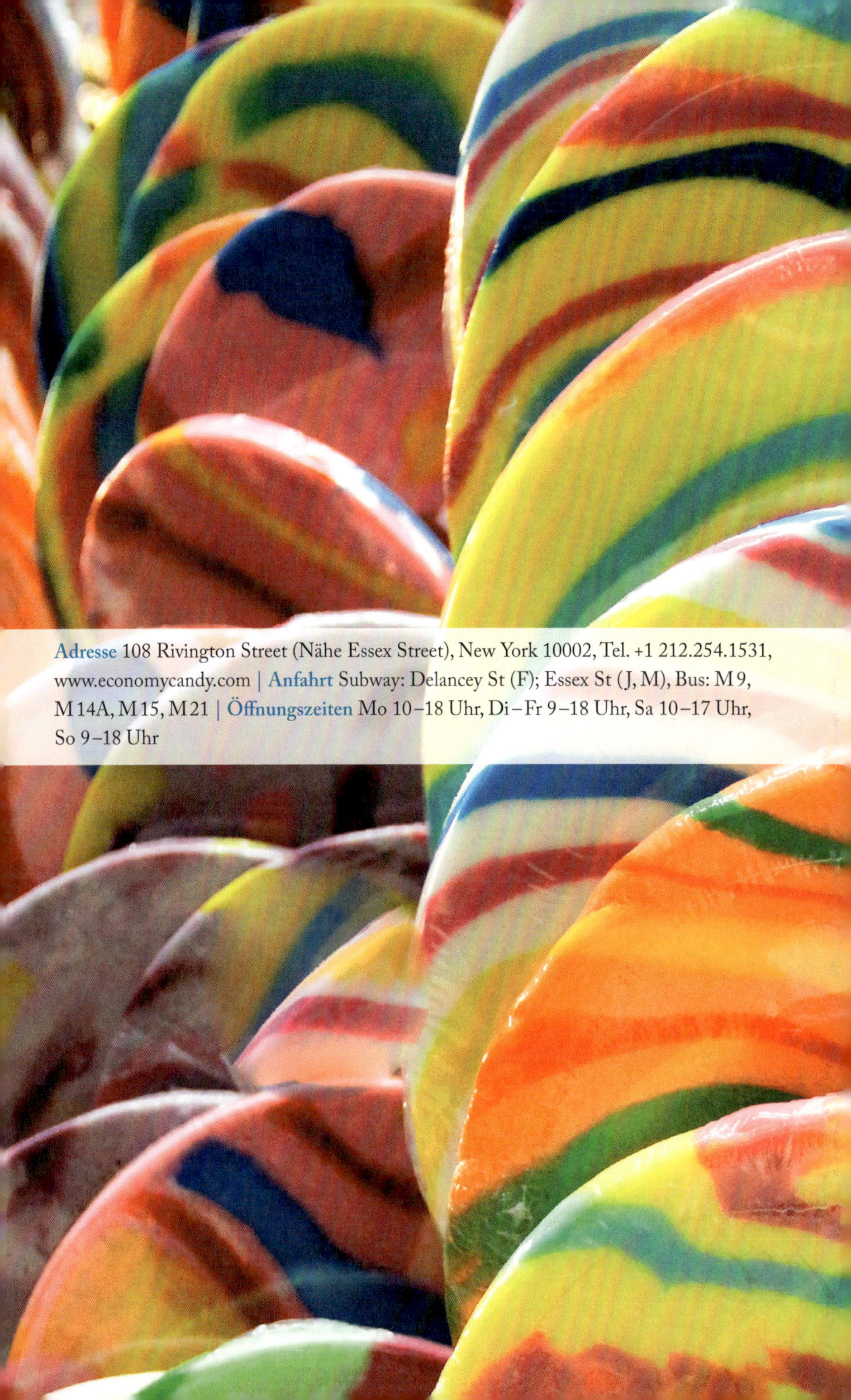

Adresse 108 Rivington Street (Nähe Essex Street), New York 10002, Tel. +1 212.254.1531, www.economycandy.com | **Anfahrt** Subway: Delancey St (F); Essex St (J, M), Bus: M 9, M 14A, M 15, M 21 | **Öffnungszeiten** Mo 10–18 Uhr, Di–Fr 9–18 Uhr, Sa 10–17 Uhr, So 9–18 Uhr

31 Eight of Swords Tattoo
Gestochen und scharf

Williamsburg: Heutzutage gedeiht hier jene kreative Energie, für die einst East Village berühmt war. Das Viertel hegt und pflegt seine Künstlerpopulation und vermittelt ein Gefühl von Zusammenhalt. Alle diese Elemente finden sich bei Eight of Swords, das mehr ist als ein gewöhnliches Tattoo-Studio, mehr als eine Kunstgalerie und mehr als ein Spezialgeschäft: Es ist alles drei zugleich.

Tattoo-Veteran David Wallin, Inhaber des in einem schmucken Haus aus den 1840er Jahren gelegenen Studios, ist bekannt für seine große Palette an Stilen; gemeinsam mit anderen national wie international renommierten Tattoo-Künstlern sticht er den Visionen und Verwegenheiten seiner Kunden mit seinen filigranen und detailreichen Arbeiten Leben ein. Im viktorianischen Ambiente der großzügigen Räume lässt es sich auch wunderbar fachsimpeln und über Ideen diskutieren, die später in Form von Körperkunst feste Gestalt annehmen.

Vorn im Laden befindet sich ein Shop mit Pflegeprodukten, handgemachtem Schmuck und Zierornamenten, die von lokalen Designern hergestellt werden. Diese ungewöhnlichen Stücke aus Silber, Gold, Bronze oder Leder machen sich ideal als Geschenke.

Die Galerie des Studios stellt aufstrebende wie etablierte Künstler aus aller Welt aus; die Arbeiten sind wahlweise schön, hässlich, kontrovers, grenzwertig oder innovativ, und die turbulenten Vernissagen ziehen Nachbarn wie Besucher gleichermaßen an – eine großartige Gelegenheit, Originale zu treffen und Originale zu kaufen.

Auch der Trip von Manhattan zum Studio lässt sich leicht in ein Abenteuer verwandeln: Neben Bus und Bahn bringt Sie die East River Ferry hin, die an der North 6th Street anlegt. Oder genießen Sie den Panoramablick, indem Sie über die Williamsburg Bridge laufen, zugänglich über die Delaney Street. Auf welchen Wegen auch immer Sie herfinden: Eight of Swords ist ein Dreifach-Vergnügen – und immer geht ein Besuch unter die Haut.

Adresse 115 Grand Street (Nähe Bedford Avenue), Brooklyn 11249, Tel. +1 718.387.9673, www.8ofswords.com, info@8ofswords.com | **Anfahrt** Subway: Bedford Ave (L), Bus: B 32, B 62 | **Öffnungszeiten** Mi–Mo 12–20 Uhr

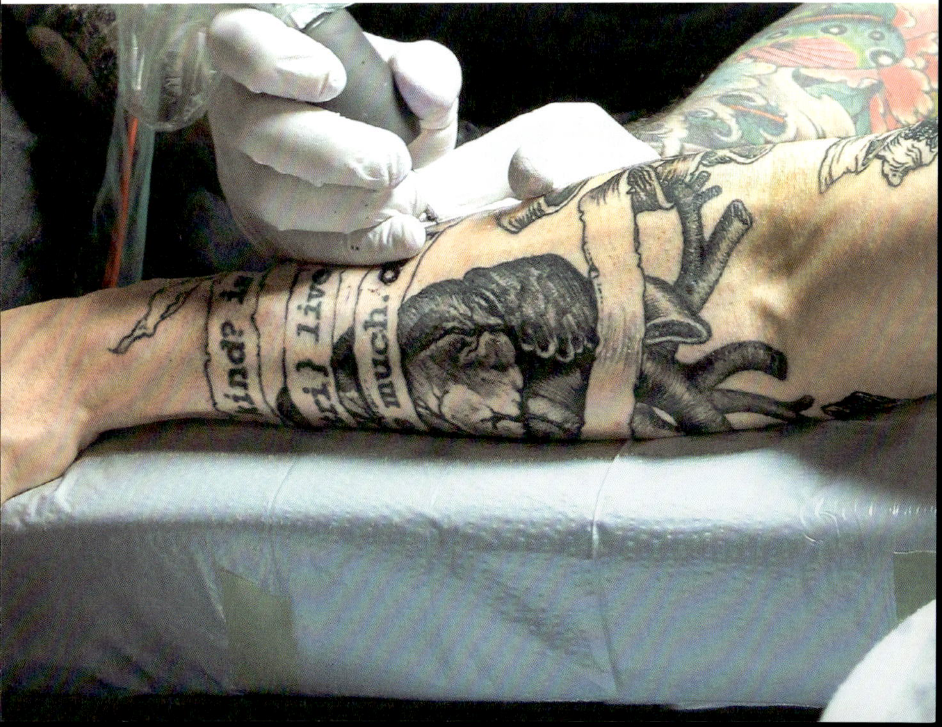

32 The Eloise Shop

Verhätscheln erlaubt

Wirklich allerliebst! Eloise, wohnhaft im The Plaza, jene Nerven-säge, die mit ihren Streichen Gäste wie Personal terrorisiert, hat nun auch ihren eigenen Laden – an genau jenem Ort, den sie ihr Zuhause nennt. Sie ist reich, verwöhnt, elternfrei, mit einer very britischen Nanny ausgestattet und läuft im schicksten Hotel New Yorks Amok.

Ins Leben gerufen wurde die sechsjährige Göre 1955; sie ist die Heldin der vier Bücher von Kay Thompson, einer Musicalkünstle-rin, die ebenfalls im Plaza residierte. Seither hat sich der notorische Frechdachs in die Herzen von Generationen kleiner Mädchen ge-schelmt, die nichts lieber gewesen wären als Eloise. Illustrator Hila-ry Knight stattete sie mit einem Kugelbauch, Spangenschuhen und einer großen rosa Schleife im Haar aus. Sie macht, was ihr gefällt, und lebt nach dem Motto »Langeweile verboten!« Wer wäre nicht gern wie sie? Erwachsene eingeschlossen?

Es ist ungeklärt, ob Eloise als Alter Ego der Autorin oder nach ihrer Patentochter Liza Minelli entworfen wurde. Der Zauber der Figur jedoch hält sich nun schon über ein halbes Jahrhundert. Für die kleinen Besucherinnen ist man im Plaza zu allen Schandtaten bereit. Der Portier mag seine Mütze antippen, um Ihr Prinzesschen zu begrüßen, während Sie die Lobby mit ihren Kristalllüstern und dem Palmenhof betreten, wo es Eloise »liebt, liebt, liebt« zu speisen.

Im Laden gibt es alles rund um Eloise – meist natürlich in Pink. Die Markenartikel sind in einer spektakulären Phantasiewelt aufge-baut, in der es von Details aus den Büchern wimmelt. So kann sich Ihr Engel an Eloise' Schminktisch setzen, auf ihrem Mini-Klavier klimpern, in ihrer Garderobe herumtollen, eine Pseudo-Teeparty schmeißen oder sich auf der Bühne austoben. Und ja, Geburtstags-feiern werden hier auch ausgerichtet.

Verhätscheln Sie das verwöhnte Balg in Ihrem Liebling – und gleichzeitig Ihr inneres Kind. Es wird ein Fest für Sie beide sein.

Adresse The Plaza Hotel, Lower Level, Fifth Avenue at Central Park South (59th Street), New York 10019, Tel. +1 212.546.5460, www.theplazany.com/shops/eloise-at-the-plaza, eloise@theplaza.com | **Anfahrt** Subway: 5th Ave-59 St (N, Q, R); 59 St-Lexington Ave (4, 5, 6); 57 St (F); 5th Ave-53 St (E, M), Bus: M1, M2, M3, M4, M5, M7, M20, M31, M57, M66, M72, M101, M102, M103 | **Öffnungszeiten** Mo–Sa 11–20 Uhr, So 11–18 Uhr

33 Enchantments
Kessel, Kelche, Drudenfüße

»New Yorks ältester Okkult-Laden« ist nicht nur magisch, sondern – in neuheidnischer Schreibweise – ganz und gar *magickal*. Seit 1982 werden hier exotische Elixiere gemixt, um böse Geister abzuwehren oder das Glück zu beschwören. Wie schlafwandelnd bewegen Sie sich zwischen Altären voller Zaubermittel – Ölen, Kräuterauszügen, Weihrauch, Amuletten, Talismanen, Kerzen und Schmuck. Damit jedoch nicht genug: Auch auf Astrologie, Tarot, Hellseherei und Kerzenformeln versteht man sich hier und weiß Praktizierende der Hexerei und anderer Rituale einschließlich Wicca kompetent zu beraten.

Allein der Kerzenwald: Vom wuchtigen Sieben-Tage-Brenner – mit eingravierten Symbolen, Ihrem Namen und Sternzeichen – über zierliche Figurinen bis zu simplen Votivkerzen ist alles dabei. Heilen sollen sie können, Segen spenden, Liebe, Glück und Erfolg bringen. Auch Ihre ganz individuelle Kerze lässt sich hier formen: Machen Sie einen Kurs und kreieren Sie Ihre eigene magische Wachsschönheit. Die Formelliste enthält Hunderte von Rezepturen mit nach Wunsch gemischtem Duft – und ätherischen Ölen, Kräutern und Harzen. Ergänzend lässt sich mit Hilfe von Yoga, Reiki, richtiger Ernährung und Magie das Gleichgewicht von Geist, Körper und Seele erhalten.

Die spirituell versierten Mitarbeiter bieten behutsame Hilfestellung bei der Handhabung mystischer Künste; eine Auswahl von Büchern weist Anfängern wie Fortgeschrittenen den rechten Weg. Letztere werden alle nötigen Werkzeuge der Zunft finden – wie Kessel, Kelche, Drudenfüße. Wundern Sie sich nicht über die Katzen, die Ihnen um die Füße schnurren – oder Ihnen in Ausübung ihrer Zauberkräfte gar auf die Schultern springen.

Die von ortsansässigen Künstlern gestalteten Schmuckgegenstände, handgemalten Karten, handgeschnitzten Runen-Sets aus Stein oder Hirschgeweih sowie Zauberstäbe aus nachhaltiger Forstwirtschaft werden Sie verzaubern. Ein Spaß für Heiden aller Art!

Adresse 424 East 9th Street (Nähe First Avenue), New York 10009, Tel. +1 212.228.4394, www.enchantmentsincnyc.com, enchantmentsny@gmail.com | **Anfahrt** Subway: 1st Ave (L); Astor Pl (6); 8 St (N, R); 2nd Ave (F), Bus: M 1, M 3, M 9, M 14, M 15, M 21, M 102, M 103n | Öffnungszeiten Mi – Mo 13 – 21 Uhr

34__ The Evolution Store

Im Zeichen des Skorpionlutschers

Hat Sie jemals der Drang überkommen, in eine der Vitrinen eines Naturkundemuseums zu greifen und ein wirklich originelles Souvenir mitgehen zu lassen? Einen 10.000 Jahre alten Bärenschädel etwa? Ein ausgestopftes Gürteltier? Einen Waschbären-Penisknochen?

Kein Problem. Seit 1993 verkauft das Kuriositätengeschäft in Soho, das über zwei Etagen von Wundern der Natur und anderen Absonderlichkeiten förmlich birst, ein erstaunliches Sortiment an ausgestopften Tieren, Skorpionen, Schädeln, Skeletten, Fossilien, Muscheln, Steinen und Mineralien. Einige sind echt, andere Reproduktionen. Geschenkideen rangieren vom Üblichen bis zum Unaussprechlichen: skurriler Schmuck, Teppiche aus Tierhaut, anatomische Modelle, Puzzles und Spiele, kandierte Insekten, Geldbörsen aus Pfeilgiftfröschen oder kopulierende Gerippe.

Inhaber William Stevens' Leidenschaft für die Entomologie, Paläontologie und Anthropologie befeuert das Geschäft. Wenn er und sein Expertenteam nicht gerade den Globus nach Raritäten absuchen, unterhält Stevens sich gern über seine Fundstücke. Alle sind von Wissenschaftlern und privaten Sammlern legal erworben.

Manche Exponate lassen Ihnen das Blut in den Adern gefrieren, so etwa eine zum Angriff eingerollte Kobra, ein riesiges Bärenskelett, ein Löwe auf dem Sprung in Ihre Richtung. Andere Exponate kitzeln eher Ihr Ethikzentrum: Schrumpfköpfe, Schädel mit Schnitzwerk, fratzenhafte Stammesmasken.

Kinder staunen mit großen Augen, Sammler verlieren sich in der Betrachtung von Käfern und Schmetterlingen und nehmen sogar an Insektenkundeworkshops teil. Die Kunsthandwerker des Ladens fertigen Ihnen gern das gewünschte Krabbeltierchen nach Maß, und das Team berät Sie bei jeder Anfrage, ganz gleich, wie abgefahren. Rüsten Sie sich für eine Reise in die Grauzonen der Wissenschaftsgeschichte – und vergessen Sie den Penisknochen oder den Skorpionlutscher als nettes Mitbringsel nicht.

Adresse 120 Spring Street (Nähe Mercer Street), New York 10012, Tel. +1 212.343.1114, www.theevolutionstore.com, info@theevolutionstore.com | **Anfahrt** Subway: Prince St (N, R); Spring St (6, C, E); Broadway-Lafayette (B, D, F, M), Bus: M 5, M 21 | **Öffnungszeiten** täglich 11–19 Uhr

35 Fabulous Fanny's Eyewear

Kult-Optik

Ihre Sehschärfe ist nicht optimal? Und Sie können sich nicht vorstellen, so richtig froh darüber zu sein? Hier kann Ihnen geholfen werden. Vor zwei Jahrzehnten öffnete dieser etwas andere Optiker in East Village und avancierte schnell zu einer einzigartigen Boutique für hippsten Chic rund ums Auge. Die gigantische Auswahl von etwa 40.000 getönten Gläsern und Gestellen reicht von antiken Spekuliereisen aus dem 18. Jahrhundert bis zur Avantgarde von heute; nicht zu Unrecht trägt die hauseigene Marke den sprechenden Namen »Spectaculars«. Oval, eckig, Rundumgestell, Katzenauge oder Strass – hier gibt es nichts, was es nicht gibt.

Es ist auch alles griffbereit. Unorthodox, aber bewährt: Die meisten Artikel liegen in beschrifteten Holzschubladen. Sie werden regelrecht ermutigt, darin zu stöbern und so viele Gestelle aufzusetzen, wie Sie möchten, um auf jenen magischen Effekt zu stoßen, der Ihr Aussehen erst zur ureigenen Optik macht. Sollten Sie Stilberatung benötigen, ist das Team stets zur Hand.

Darüber hinaus kann Fabulous Fanny's als ein Mini-Museum für Liebhaber von Antikem und Vintage im Allgemeinen gelten; das Highlight bildet eine große Sammlung von unkonventionellen und raren Gestellen. Zusätzlich zur Augenmode gibt es hier aber auch Vintage-Kleidung, Kostüme und Schmuck für Damen und Herren, darunter Damenhüte aus den 1930er Jahren und eine imposante Herrenmodekollektion samt Fliegen, Einstecktüchern, Hosenträgern, Hüten und Manschettenknöpfen. Filmstudios, Broadway-Shows, Soap- und Musikproduzenten, internationale Top-Designer – sie alle greifen auf diesen Fundus zurück. Für jeden – darauf wird Wert gelegt – gibt es hier Erschwingliches, sodass sich sowohl Wissbegier als auch konkrete Wünsche befriedigen lassen. Ganz dem Motto gemäß: »Wenn Sie sie schon tragen müssen – dann mit Spaß!«

Adresse 335 East 9th Street (Nähe First Avenue), New York 10003, Tel. +1 212.533.0637, www.fabulousfannys.com, fanny@fabulousfannys.com | **Anfahrt** Subway: 1st Ave (L); Astor Pl (6); 8 St-NYU (N, R); 2nd Ave (F), Bus: M 1, M 2, M 3, M 5, M 8, M 14, M 15, M 101, M 102, M 103 | **Öffnungszeiten** täglich 12 – 20 Uhr

36 Faerman Cash Registers

Kasse mit Klasse

Man sieht sich bekanntlich zweimal im Leben. Es gab eine Zeit, in der die Bowery im Schatten einer Hochbahn lag; ein Teil der heruntergekommenen Gegend war als »Registrierkassenviertel« bekannt. Dort lag ein gutes Dutzend Läden, die bauchige Instrumente der Geldsicherung verkauften und reparierten. Ursprünglich erfunden, um das Personal am Plündern zu hindern – daher die Klingel –, sind alte Kassen heute als schmückende Relikte einer vergangenen Ära wieder en vogue. In Manhattan ist nur ein einziger Laden übrig geblieben, der sich auf diese Maschinen spezialisiert hat, und das Geschäft mit den aufgemöbelten Altertümchen floriert.

Brian Faerman, Sohn eines Vaters in den Neunzigern und Enkel des Gründers von 1910, betreibt den Laden nicht nur *mit* Daddy Bernard, sondern *für* ihn. Sein alter Herr schwelgt gern in Erinnerungen an die alten Tage. Die Maschinen von heute seien kein solides Handwerk und nicht mehr dafür gemacht, eine halbe Ewigkeit zu halten. »Heute ist alles furchtbar billig«, klagt der Senior, der sein ganzes Leben damit verbracht hat, in den metallenen Eingeweiden der Kassen rumzufriemeln, die Getriebe in Schuss zu halten und Klingeln zu reparieren – in seinen Ohren »Musik«.

Im Geschäft stehen reihenweise fachmännisch restaurierte Vintage-Modelle, die einem noch immer einen heftigen Hieb in den Magen versetzen können, wenn die Schublade auffliegt. Bei Preisen von je mehreren tausend Dollar werden sie nun von einer ganz neuen Klientel nachgefragt, für schicke Restaurants, Bars oder trendige Shops.

Im Zeitalter softwarelastiger Geräte gewinnt das Alte einen ganz neuen Appeal. Das komplexe Design, die majestätische Präsenz und alle die unerzählten Geschichten, die unter Münzen und Scheinen begraben liegen, gleichen einer Reise in die Vergangenheit. Diese klasse Kassen werden noch weit öfter in ihrem unabdrrringlichen Dasein Kundschaft sehen als nur zweimal.

Adresse 159 Bowery (Nähe Broome Street), New York 10002, Tel. +1 212.226.2935, faermancashregister@gmail.com | **Anfahrt** Subway: Bowery (J); Grand St (B, D); Spring St (6), Bus: M 15, M 21, M 103 | **Öffnungszeiten** Mo – Fr 9 – 17 Uhr, Sa 9 – 14 Uhr

37___FAO Schwarz
Der Nerv des ewigen Kindes

Momente des großen Kinos bleiben ewig im Gedächtnis haften, manche melodramatisch wie in »Vom Winde verweht«, manche nervenkitzlig wie in »Der weiße Hai«, manche einfach komisch wie in »Big«. Als 1988 Tom Hanks im berühmtesten Spielzeuggeschäft der Welt als Riesenbaby auf ebenso riesigen Tasten herumtanzte, traf dies den Nerv des ewigen Kindes in uns; die schlichte Melodie von »Chopsticks« erwachte zu neuem Leben.

Beleben Sie diese Erfahrung – wie alt auch immer Sie sein mögen – im Flagship-Store von FAO Schwarz für sich neu, wo die elektronischen Tasten schon auf Ihre Füße warten. Unter den Aberzillionen verschiedener Spielzeuge, die Sie ausprobieren und kaufen können, ist dieses wohl das bekannteste; auch eine Kompaktversion für daheim ist erhältlich.

Das Geschäft wurde nach F.A.O. Schwarz benannt, der in der Mitte des 19. Jahrhunderts aus Deutschland einwanderte und mit seinen Brüdern ein »magisches Spielzeugkaufhaus« eröffnete. Über die Jahre erlangte der Laden den Ruf, das außergewöhnlichste, originellste und hochwertigste Spielzeug der Stadt zu führen. »Ich habe das Spielzeug zu meiner Privatwissenschaft gemacht«, sagte Schwarz über seine große Leidenschaft. »Es ist eine tiefere Befriedigung, Spielsachen zu verkaufen und die Freude der Kleinen zu sehen, als sie der Handel mit irgendeiner anderen Ware je bedeuten könnte.«

Vor mehr als 150 Jahren gegründet, ist FAO Schwarz zudem das älteste Spielwarengeschäft der USA. Hier auch soll der Ur-Santa Claus die Tradition der Weihnachtsmänner begründet haben. Kinder aller Altersklassen können während der Öffnungszeiten auf der »Big«-Klaviatur spielen; morgendliche Führungen durch das Haus – wenn es noch still ist und man das ganze Reich der Phantasie für sich hat – übernimmt hier ein lebensgroßer Zinnsoldat. Die letzte Station ist dabei – natürlich – ebenfalls das Big Piano. Es muss nicht immer Nervenkitzel sein; Zehenkitzel tut es auch.

Adresse 767 Fifth Avenue (Nähe 58th Street), New York 10153, Tel. +1 212.644.9400, www.fao.com, concierge@fao.com | **Anfahrt** Subway: 5th Ave-59 St (N, Q, R); 57 St (F); 5th Ave-53 St (E, M); 59 St-Lexington (4, 5, 6), Bus: M 1, M 2, M 3, M 4, M 5, M 31, M 57, M 101, M 102, M 103 | **Öffnungszeiten** So−Do 10−19 Uhr, Fr, Sa 10−20 Uhr

38 Fishs Eddy
Teller mit Vergangenheit

Tafelsilber von den jüngeren Schwestern der »Titanic« – das gibt es nur einmal in New York. Fishs Eddy verkauft alles, womit sich Speisen transportieren und präsentieren lassen: Ess- und Serviergeschirr, Besteck, Gläser und Küchengeräte. Was das Geschäft so einzigartig macht, ist das ungebrauchte, aber dennoch alte Porzellan und Glas – Überbleibsel von ehemaligen Kreuzfahrtschiffen, eingegangenen Restaurants, Relikte aus Räumungsverkäufen und Restposten. Die bewusst rustikal, ja marode gehaltene Atmosphäre erinnert an Ramschverkäufe auf dem Land. Überall alte Fässer, Schränke, Vitrinen und Körbe randvoll mit tollen Sachen – ein Festbankett für das Auge, noch bevor ein Stück Kuchen auf dem Teller gelandet ist.

Das alles begann 1986, als die Inhaber auf abgelegenen Straßen herumfuhren und dabei an einem kleinen Flecken vorbeikamen, der kurioserweise »Fishs Eddy« hieß – die Namensidee für ihren neu eröffneten Laden in Manhattan. Während sie mit ihrem Pick-up durch die Landschaft holperten, begannen sie, die Gegend nach lohnenden Funden abzusuchen.

Einen ihrer ersten machten sie in einer alten Scheune, die – bis obenhin voll mit Geschirr – schwer gebrannt hatte. Erstaunlicherweise jedoch war das rußgeschwärzte Porzellan unbeschadet geblieben. Die Inhaber kauften die Ladung und polierten jedes einzelne Stück wieder auf Hochglanz. Sie hatten etwas Besonderes mit schönen und klassischen Motiven entdeckt, ein echtes Stück amerikanischer Geschichte. Die Kunden dachten das auch. Zusammen ergab es die Zukunft.

Gefühlt gibt es bei Fishs Eddy Fantastilliarden von schrägen und witzigen Porzellan- und Glasartikeln zu bestaunen, viele davon nach Themen sortiert – wie etwa »die New Yorker Skyline«. Noch immer durchkämmen die Inhaber die Gegend nach verborgenen Schätzen und haben nach wie vor große Freude am Verkauf von aus dem Gedächtnis abgesunkenen alten Schüsseln mit und ohne Sprung.

Adresse 889 Broadway (Ecke 19th Street), New York 10003, Tel. +1 212.420.9020, www.fishseddy.com, info@fishseddy.com | **Anfahrt** Subway: 14 St-Union Sq (L, N, Q, R); 23 St (N, R), Bus: M 1, M 3, M 23 | **Öffnungszeiten** Mo 10–21 Uhr, Di–Sa 9–21 Uhr, So 10–20 Uhr

39 Forbidden Planet

Ewig lockt Nerdvana

Broadway goes Battlestar: Schon von Weitem geht ein unwiderstehlicher Sog von dieser Fassade aus, die freizügige Blicke ins Innere erlaubt. Dieses wurde speziell designt, um Kundschaft wie die Nerdlinge in den Tempel der Popkultur hineinzulocken – in die Welten der Superhelden, Science-Fiction-Klassiker und weiterer Galaxien jenseits davon. Die kompletten Wände sind bestückt mit aktuellen und Vintage-Comics, Brett- und Videospielen, Magazinen, DVDs, T-Shirts, Gadgets und allem erdenklichen Zubehör für Enthusiasten. Die Gänge strotzen vor Comicromanen, Fachlexika, seltenen und limitierten Ausgaben, Postern und anderen Sammlerstücken.

Themenschaukästen zeigen schrillfarbene Figuren bekannter Actionhelden; von Wonder Woman über Spiderman bis zu Batman sind sie alle dabei; ebenso stehen hier japanische Anime- und Manga-Figuren, die Star-Wars-Besatzung und unzählige mehr. Zwischen den bizarren Sphären und verbotenen Planeten zu switchen, in denen die Helden hausen, erfordert in sich die Kunst des Beamens.

Angefangen hat Forbidden Planet 1978 als ein kleiner Londoner Comicladen. Später, nach einer Fusion mit einem ähnlichen Unternehmen in Edinburgh, wurde Forbidden Planet International daraus und eröffnete den kultigen New Yorker Laden sowie andere Filialen.

Fans wie Passanten verbringen hier Stunden damit, genüsslich die Regale abzuschlendern, sich Anekdoten zu erzählen, Insider-Klatsch auszutauschen und den Verkäufern kosmische Löcher in die Bäuche zu fragen, die wiederum alle – per Definition – mit den Kunden völlig auf einer Wellenlänge liegen. Jeden Mittwoch gibt es einen Ansturm der Stammkundschaft, wenn nämlich die neuen Comic-Ausgaben zu haben sind. Wie einer der Aficionados es beschreibt, ist die Bedienung »abgefahren, hilfsbereit und kompetent«. Einer der Verkäufer bemerkt mit glänzenden Augen: »Ich habe hier schon nach einem Job gefragt, als ich acht Jahre alt war.«

Adresse 832 Broadway (Nähe 13th Street), New York 10003, Tel. +1 212.473.1576, www.fpnyc.com | **Anfahrt** Subway: Union Sq-14 St (4, 5, 6, 6X, L, N, Q, R), Bus: M1, M2, M3, M5, M8, M14, M101, M102, M103 | **Öffnungszeiten** So–Di 9–22 Uhr, Mi–Sa 9–24 Uhr

40__Fountain Pen Hospital

Mehr als tausend Worte

Den Weg aller Schreibmaschinen und Vinylscheiben gegangen? Mitnichten! Sie sind zurück! Dank des globalisierten Marktes floriert heutzutage auch das Füllergeschäft wieder. Im Internetzeitalter mit seinen Touchpads bleibt dennoch eine große Nachfrage. Politiker, Manager, Studenten und Touristen zieht es gleichermaßen zu diesem Geschäft in der Nähe der Wall Street, um die mittlerweile fast nostalgische Praxis des Schreibens mit der Hand wiederzubeleben. Ein fein gearbeiteter Füllfederhalter, der sensibel auf Druck reagiert, vermag zu sagen, was keine Tastatur zu sagen vermag.

Der Laden beherbergt eine der größten Sammlungen von Füllern überhaupt und ist der einzige seiner Art in den USA. Die Preise sind ein- bis vierstellig – abhängig vom Material wie etwa Kupfer, Stahl, Leder, Gold, Edelstein, sogar Lavastein. Das älteste Gerät datiert von 1910 und besteht aus 18 Karat Gold. Einige bedeutende limitierte Auflagen sind sogar geschichtsträchtig – wie etwa ein Stück von jener Apollo-Rakete – eingelegt in das Schreibgerät –, mit der 1969 die erste bemannte Mondlandung glückte.

1946 von der Familie Wiederlight als Reparaturgeschäft eröffnet, war der Füller jedoch mit dem Aufkommen des Kugelschreibers ab den 1970er Jahren dem Vergessen anheimgefallen. Das Geschäft erweiterte sein Angebot auf allgemeinen Bürobedarf, bis die großen Ketten diese Nische ebenfalls schluckten.

In einer kühnen Volte kehrten die Inhaber zu ihren Anfängen zurück, denn sie witterten die wachsenden Retro-Sehnsüchte nach Tinte. Die Enkel des Gründers behalten den Namen *Hospital* als eine Hommage an die Vergangenheit bei, obwohl den Großteil des Umsatzes der Verkauf ausmacht.

Die Brüder sind stolz auf die vielen prominenten Kunden: Ernest Hemingway, Betty Grable und Count Basie. Zweifellos sagt eine handgeschriebene Notiz mehr als tausend getippte Worte.

Adresse 10 Warren Street (Nähe Broadway), New York 10007, Tel. +1 212.964.0580, www.fountainpenhospital.com, info@fountainpenhospital.com | Anfahrt Subway: City Hall (R); Chambers St (A, C, J, 1); Park Place (2, 3); Brooklyn Bridge (4, 5, 6); World Trade Center (E), Bus: M 9, M 20, M 22, M 103 | Öffnungszeiten Mo–Fr 7.45–17.30 Uhr

The spacecraft which carried Neil and me to the Moon was kn symbolic name *Columbia*. To protect our fragile craft from the of material known as **KAPTON FOIL**, gold-colored on the fro outside skin of the *Columbia*. This delicate foil played a critical ship, helping us to maintain comfortable temperatures within. Be the *Columbia*, its gold-colored side was directly exposed to deep

the extremely fragile nature of the foil, most of it burned of into th's atmosphere on July 24, 1969. However, a small por Ame kwell Recovery Team on board the aircraft carrier Ho Rockw prime manufacturer of the *Columbia*. Krone Pen h eternity ting it in their special edition pen.

When r chal voyage of Apollo 11, I often think of th ranquillity inscription HERE MEN FROM THE PLA PON THE E IN PEACE FOR ALL MANKIND. J a defining n ey into the un volution, when mankind lifted itself fro

41__Garber Hardware
Hammer meets Harke

Hier lebt sie noch: die gute alte Zeit, beinahe atavistisch. Wer hier einen Fuß hineinsetzt, der trifft auf die altvertrauten Impressionen und Gerüche eines Baumarkts alten Stils, dem noch ein wenig die Anmutung einer Eisenwarenhandlung geblieben ist – mit ihren labyrinthischen Gängen, die von Behältern mit Schrauben, Muttern, Bolzen und Nägeln gesäumt sind; mit ihren Regalen voller Werkzeuge, Holz, Farben, Drahtspulen, Elektrogeräten, Seilen, Garten- und Küchenzubehör.

Seit Großketten wie »Home Depot« den Markt bestimmen und alles andere zurückdrängen, gleichen Familienbetriebe wie dieser einer aussterbenden Spezies. Hier jedoch, sehr unaufdringlich an einer malerischen Straße in West Village gelegen, liegt alles parat für eine anheimelnde Zeitreise. Interessanterweise haben traditionelle Heimwerkermärkte in Großstädten, wo die Anwohner es bevorzugen, ganz bequem zum Geschäft ein paar Blocks weiter zu laufen, am erfolgreichsten überlebt.

Einer der bemerkenswertesten dieser Läden ist Garber's, der zweimal zum »besten Baumarkt der Stadt« gewählt worden ist – nicht nur wegen seines enorm breiten Angebots, sondern auch wegen der kompetenten und freundlichen Beratung, die hier noch vom Experten persönlich kommt.

Damit nicht genug: Das 1884 von einem russischen Einwanderer gegründete Geschäft ist eines der ältesten familiengeführten Unternehmen in New York City – *überhaupt*. Während hier ursprünglich Malerbedarf verkauft wurde, kamen über die Jahrzehnte neue Artikel hinzu, bis die heutige Breite der Angebotspalette erreicht war: massive Metallhaken, Rollläden, Echtstrohbesen, wiederverwendbare Wassereisformen, Werkzeugtaschen aus Leinen – eine stylische Alternative zu klobigen Werkzeugkästen … Was in Baumärkten zum Standard gehört, das gibt es hier ohnehin. Das Motto »Garber's hat alles« erweist sich als keinesfalls übertrieben. Hier weiß man, wo der Hammer hängt – und was eine Harke ist.

Adresse 710 Greenwich Street (Nähe 10th Street), New York 10014, Tel. +1 212.929.3030, www.garberhardware.com, sales@garberhardware.com | **Anfahrt** Subway: Christopher St-Sheridan Sq (1); West 4 St (A, B, C, D, E, F, M), Bus: M 2, M 8, M 11, M 14A | **Öffnungszeiten** Mo–Do 8–20 Uhr, Fr, Sa 8–17 Uhr, So 10–16 Uhr

42 Gem Spa

Szene ohne Ei

Der Beatnik-Poet Allen Ginsberg nannte ihn »den Lebensnerv« der Stadt. Auf dem Gipfel seiner Bekanntheit in den 1960er Jahren rief »Village Voice« den berühmt-berüchtigten Zeitungskiosk zur »offiziellen Oase von East Village« aus – einen Hippie-Treff, an dem inmitten von Haschisch- und Marihuanaschwaden Protestaktionen organisiert wurden. Später entwickelte sich das exhibitionistische Mekka der Punk-Szene daraus: Irokesen, wilde Tattoos, Piercings, nietenbesetztes Leder, Fetzen mit Sicherheitsnadeln, gruftiges Make-up. Heute lockt Gem Spa noch immer neugierige junge Leute aus aller Welt an, die auf dem Anti-Establishment-Trip sind. Touristen gehen an dem bunten Spektakel vorbei und starren.

Doch die Zeiten haben sich geändert; der Glanz des Neuartigen ist verblasst – und hat sich schließlich kommerzialisiert. Heute prägen die geschäftige einstige Kult-Ecke Souvenirstände, Hüte und Schals mit Logos, Sonnenbrillen und ähnliche Artikel für die flüchtige Weltkundschaft.

Auch ein besonderes Soda-Getränk namens »Egg cream« – einst überall in New York zu haben – ist nun Geschichte.

Bis auf hier, bei Gem Spa, wo die berühmte Spezialität noch lebt, sprudelt und schäumt. Die Zutaten: Milch, Mineralwasser und Schokoladen- oder Vanillesirup. Die genaue Rezeptur sowie die Zubereitung in einem hohen, schlanken Glas sind noch immer ein wohlgehütetes Geheimnis, wobei an einem kein Zweifel besteht: Eier enthält der »Eiercreme«-Drink nicht. Einfache Beobachtung jedoch bringt es an den Tag: Das Mysterium besteht aus mehreren Schuss Sirup, dazu ein bisschen Milch, wonach unter hohem Druck Selterwasser hinzugefügt wird. Das Ganze wird mit einem langen Löffel gemixt, bis eine Schaumkrone entsteht. Jahre der Übung verraten dem Mann hinter der Theke den genauen Moment, in dem es Zeit ist, mit dem Rühren aufzuhören und die eierlose Gaumenfreude, ein Original New Yorks, dem Kunden zu servieren.

Adresse 131 Second Avenue (Ecke St Marks Place), New York 10003, Tel. +1 212.529.1146 | **Anfahrt** Subway: Astor Pl (6); 8 St-NYU (N, R); Union Sq (4, 6, 6X); 3rd Ave (L), Bus: M 8, M 15, M 101, M 102, M 103 | **Öffnungszeiten** 24/7 Betrieb

43 Gotham Model Trains
Reise nach Liliput

Es beginnt bescheiden. Oben im 13. Stock eines unscheinbaren Gebäudes des »garment district« befindet sich einer der letzten Läden New Yorks, die sich ausschließlich auf Modelleisenbahnen spezialisiert haben. Andere Geschäfte decken zumeist auch breiter gefächerte Miniaturwelten ab; für Schienen-Fetischisten jedoch ist dies das Gelobte Land – samt Bäumchen, Häuschen, ganzen Dorf- und Stadtszenerien. Die breite Auswahl an Modellzügen und Zubehör von A bis Z appelliert an jedermanns alterslose Phantasie. So ist es kein ungewohnter Anblick, wenn der 80-jährige Veteran und sein 8-jähriger Enkel die Feinheiten eines Güterzugwaggons erörtern. Vom Anfängerset bis hin zu maßgearbeiteten alten Messinglokomotiven gibt es hier Spannendes für alle Generationen.

Gothams Angebot an Minigebäuden, -figuren, -fahrzeugen und -landschaften zieht fachsimpelnde Modellbauer und Techniker jeglichen Hintergrunds und Lebensstils an. So plaudert ein Architekt, der am maßstabgetreuen Modell eines der zukünftigen Wolkenkratzer Manhattans sitzt, mit einem hippen Brooklyner, der gerade ein Terrarium baut; Mutter und Tochter holen sich die Inspiration für ein Schulprojekt von einem Animationsfilmer oder von der geplanten Installation eines Künstlers.

Ob Sie Ihr eigenes Schienenreich errichten möchten oder sich Eingebungen für etwas anderes erhoffen: Gotham ist darauf spezialisiert, Träume wahr werden zu lassen – im Maßstab Liliputs.

Wer durch die nagelneuen Modelle oder Vintage-Sammlerstücke stöbert, spürt die alte Zugkraft des haptischen Hobbys. In einer Welt süchtig machender Videospiele und Must-have-Apps haben die Modelleisenbahnen für viele Enthusiasten ihren speziellen Charme bewahrt: Hier lässt sich den Imperativen des Internets auf entspannende Weise entkommen, und es steigt die Erinnerung auf an alte, simplere Zeiten, in denen Acht und Achtzig noch mehr gemeinsam hatten. Alles einsteigen, bitte!

Adresse 224 West 35th Street, 13th floor (Nähe Seventh Avenue), New York 10001,
Tel. +1 212.643.4400, www.gothammodeltrains.com, mail@gothammodeltrains.com |
Anfahrt Subway: 34 St-Penn Sta (A, C, E, 1, 2, 3); 34 St-Herald Sq (B, D, F, M, N, Q, R),
Bus: M 1, M 3, M 4, M 5, M 7, M 11, M 20, M 34, M 104 | **Öffnungszeiten** Mo – Fr
11–18 Uhr, Sa 11–17 Uhr

44 Gothic Renaissance
Danse macabre

Sie brauchen genau die richtigen Spitzenhandschuhe, die zu Ihren Nieten-Stilettos passen? Einen gefühlsechten viktorianischen Choker, der Ihr Steampunk-Bustier perfekt ergänzt? Sie sind passionierte GothLolita oder ein Twilight-berauschter Vampir? Es gibt keine Alternative: Downtown bei Gothic Renaissance kleidet man Sie vom Scheitel bis zur Sohle stilgerecht ein. Kein Laden der Stadt bietet eine größere Auswahl an hochwertig und raffiniert geschneiderten Kleidern und Accessoires.

Ihre Wurzeln hat die Gothic-Subkultur in der Rock-Szene der späten 1970er Jahre, umfasst Postpunk, New Wave, Cyberpunk, Glamrock, Darkwave und weitere Stile. Während der letzten Jahrzehnte haben Branchenpäpste wie Alexander McQueen, Jean-Paul Gaultier und John Galliano den Gothic Look in den Mainstream der Mode katapultiert. Selbst wenn Ihnen die Ursprünge der Bewegung unbekannt sein sollten, sind die höhlenartigen Räume ein absolutes Faszinosum und einen Besuch wert. Die Kundschaft reicht von jungen Leuten, die nach preisgünstigen Alternativstilen stöbern, bis zu Sammlern, die erkleckliche Summen für Raritäten berappen, bei Preisen von 20 bis 2.500 Dollar. Kleiderständer und Regale vom Boden bis zur Decke quellen über von Textilien aller Art – Korsagen, Jacken, Umhängen, Spitzen-, Leder- und Samtkleidern, Stiefeln, Schuhen, Masken, nieten- und federbesetztem Zubehör; Vinylröcken, Fetischwäsche, Schmuck und – natürlich – Make-up. Allein das Angebot an Masken ist atemberaubend: von exquisiten venezianischen Kreationen bis zu preiswerten Imitaten. Sogar eine Bücherabteilung gibt es.

Bevor Sie gehen, sehen Sie sich nebenan unbedingt noch »The New York Costumes« an, wo sich jeder anderen Verkleidungsleidenschaft frönen lässt. Die gleichen Inhaber bieten zwei volle Etagen mit Tausenden von Artikeln für ganze Kostüm- und Maskenbälle.

In diesen beiden Läden vertanzen Sie locker einen Tag im Land der Phantasie.

Adresse 110 Fourth Avenue (Nähe Union Square), New York 10003, Tel. +1 212.780.9558, www.gothren.com, gothicrenaissancenyc@gmail.com | **Anfahrt** Subway: Union Sq-14 St (4, 5, 6, 6X, L, N, Q, R), Bus: M 1, M 2, M 3, M 5, M 8, M 14A, M 14D, M 101, M 102, M 103n | **Öffnungszeiten** Mo−Sa 11−20 Uhr, So 12−19 Uhr

45 __ Greenwich Street Cookbooks

Bücher mit Geschmack

Der an einer ruhigen Ecke gelegene Laden im Westen Sohos, auch als »Joanne Hendricks Cookbooks« bekannt, führt ein breites Spektrum an vergriffenen, alten und ungewöhnlichen kulinarischen Büchern. Auf dem Messingschild vor der verwitterten Holztür steht das schlichte Wort »Kochbücher« geschrieben. Das gemütliche Geschäft liegt im Erdgeschoss eines Klinkerbaus im Federal Style von 1823; Hendricks und ihre Familie wohnen hier, seit sie es 1975 gekauft haben; der Laden wurde 1995 eröffnet.

Innen findet sich alles, von Rezeptsammlungen verschiedener Autoren diverser Epochen bis hin zu Büchern, die alles erdenklich Essbare abhandeln – Tischetikette, Weihnachtsküche, berühmte Köche, berüchtigte Restaurants, Denkschriften, Biografien, sogar Romane mit Speisen in der Hauptrolle. Keine Chichi-Diät oder Trend-Cuisine begegnet Ihnen hier, sondern der altbewährte Eintopf aus Klassikern, Raritäten und schwer aufzutreibenden Erstausgaben von AutorInnen wie Alice B. Toklas, M.F.K. Fisher, Julia Child, Alice Waters, Ruth Reichl, Paul Prudhomme, James Beard, um nur einige zu nennen.

Die fragilen Altertümchen – viele mit kunstvollen Cover-Verzierungen – sind in gutem Zustand. Auch Fremdsprachiges aus aller Welt tischt man hier liebevoll auf. Insgesamt drängen sich rund 900 Titel dicht an dicht in antiken Schränkchen und Regalen vom Boden bis zur Decke. Zwischen den Büchern dieser nostalgischen Koch-Bibliothek finden sich hier und da auch Kuriositäten für Küche und Tafel – ein Kindergeschirr, ein Topf aus Gusseisen, zierliche Mokkatässchen, vergilbende Poster, Drucke, Fotografien und Speisekarten. Die Preise hängen vom Seltenheitswert eines Stücks ab. Ein wunderbarer Laden, um in Ruhe zu stöbern, ohne dafür selbst hungern zu müssen: Hier geht es köstlich gastronomisch zu, aber nicht zwingend astronomisch.

Adresse 488 Greenwich Street (Nähe Canal Street), New York 10013, Tel. +1 212.226.5731, www.greenwichstreetcookbooks.com, joannehendricks@gmail.com | **Anfahrt** Subway: Canal St (A, 1); Spring St (C, E), Bus: M 5, M 20, M 21 | **Öffnungszeiten** täglich 11.30 – 19 Uhr

46__Happy Chopsticks
Essen von glücklichen Stäbchen

Eine Oase der Ruhe inmitten der Kakophonie von Chinatown; ein Laden, der auf den ersten Blick anmutet wie ein Schmuckgeschäft. Erst auf den zweiten Blick erkennt man die Stäbchen, die wie filigrane Finger entlang Wänden und antiken Tischen an Geschenkschachteln aus Seidenbrokat lehnen. Stäbchen sind das traditionelle Essbesteck Chinas, Japans, Koreas, Indonesiens und Vietnams. Ursprünglich Kochutensilien aus dem alten China, wurden sie zumeist aus Bambus, Knochen oder Metall hergestellt. Über die nächsten Jahrhunderte, als man schließlich kleinere, bissgerechte Happen servierte, wurden Stäbchen auch zum Essen verwendet; man fertigte sie aus Jade, Gold, Sterlingsilber und dem heute verbotenen Elfenbein.

Yunhong Chopsticks, eine etablierte chinesische Kette, eröffnete ihre erste US-Filiale 2008. Die winzige Boutique fächert Hunderte von Stäbchenpaaren auf, von antik bis modern, mit Glückssymbolen oder Historischem wie Mao-Sprüchen darauf. Von zwei Dollar für Plastik bis Hunderte von Dollar für Blattgold oder gelacktes Ebenholz reichen die Preise. Man findet auch Heutigeres wie »I ♥ New York«-Stäbchen, den chinesischen Tierkreis oder Sets für Kinder. Wieder andere sind geschnitzt, graviert oder mit Einlegearbeiten aus Muschelschalen versehen. Für viele gibt es spezielle Ständer, auf denen man die Stäbchen beim Essen ablegen kann. Jedes Paar hat seine eigene Geschichte und seine eigene dekorative Geschenkbox.

Lassen Sie sich von Experten über Techniken, Etikette und Pflege aufklären – und erfahren Sie manch spannende Geschichte. Wussten Sie, dass Form und Länge der Stäbchen je nach Kultur variieren? Dass das chinesische Wort für sie ähnlich klingt wie »Glück« – und sie daher gern als Segenswunsch verschenkt werden? Dass einst Stäbchen mit Silberspitzen benutzt wurden – die dann angeblich schwarz wurden, um weniger glücklichen Essern anzuzeigen, ob sich Gift in ihren Speisen befand?

Adresse 50 Mott Street (Nähe Bayard Street), New York 10013, Tel. +1 212.566.8828, www.happychopsticks.com, email@happychopsticks.com | **Anfahrt** Subway: Canal St (J, N, Q, R, 6), Bus: M 9, M 22, M 103 | **Öffnungszeiten** täglich 10.30 – 20.30 Uhr

47__Housing Works Bookstore Café

Bücher für Menschen

Hier ist man Mensch, hier darf man es sich bequem machen. Augenblicklich fällt der Alltagsstress von einem jeden ab, sobald er die imposanten Räumlichkeiten mit ihren hohen Decken, zahlreichen Balkonen und Geländern betreten hat. Das Büchercafé im Stil einer holzgetäfelten alten Bibliothek hat sich zu einer regelrechten Downtown-Institution entwickelt; die Atmosphäre allein schon wärmt die Seele. Das wirklich Besondere jedoch: Nahezu alle hier Tätigen sind auch wohltätig und kümmern sich ehrenamtlich um die Kundschaft; entsprechend stammen die Bücher in den unzähligen Regalen aus Spenden und Stiftungen.

Hier trifft man sich mit Freunden, entspannt sich oder stöbert in einem der bestechendsten Musik-, Film- und Büchersortimente der Stadt. Serviert werden Kaffee, Tee, Sandwiches und Gebäck. Urgemütlich stehen die Tische und Stühle sowohl zu ebener Erde als auch auf den Zwischenebenen.

Der gesamte Gewinn des Büchercafés geht an die Dachorganisation »Housing Works«, die sich »Menschen mit AIDS« widmet und »den Teufelskreis aus HIV-Infektion und Obdachlosigkeit durch nimmermüde Interessenvertretung, lebensrettende Dienste und wohltätige Unternehmungen zu durchbrechen sucht«. Im Geiste des gewaltfreien zivilen Ungehorsams setzt sich die Basisorganisation unablässig für die Würde von Randgruppen ein – einschließlich Drogenabhängiger und sexueller Minderheiten.

Zu diesem Zweck veranstaltet das Büchercafé zahlreiche Events, um mehr Bewusstsein zu schaffen. Jeden Monat gibt es Vorträge, Seminare und Diskussionsrunden zu vielfältigen Themen, abgehalten von ebenso vielfältigen Talenten: Lesungen etablierter sowie aufstrebender Autoren, Signierstunden, Schreibwerkstätten, Kochkurse und Kulturfutter aller Art. Hier sind die Bücher für Menschen da.

Adresse 126 Crosby Street (Nähe Houston Street), New York 10012, Tel. +1 212.334.3324, www.housingworks.org, info@housingworks.org | **Anfahrt** Subway: Broadway-Lafayette (B, D, F, M); Bleecker St (6); Prince St (N, R), Bus: M 5, M 21, M 103 | **Öffnungszeiten** Mo – Fr 10 – 21 Uhr, Sa, So 10 – 17 Uhr

48__Jacques Torres Chocolate

How sweet it is...

Es ist nicht alles braun, was fließt; bei Jacques Torres und seinen exquisiten, handgefertigten Schoko-Kreationen allerdings durchaus. Sie werden aus erstklassigen Zutaten wie Marzipan, Marshmallows, Erdnussbutter und Plätzchenteig hergestellt und sind eine Feier der Schokolade im reinsten Sinne des Wortes, enthalten weder Konservierungsstoffe noch andere Zusätze. Torres, der auch als »der Willy Wonka New Yorks« bezeichnet oder liebevoll »Mr. Chocolate« genannt wird, macht uns den Mund gehörig wässrig. Wohin man nur schaut: Schokoriegel, Bonbons, Eiscreme, Kakaodrinks, Butterkaramellen, Nusspralinen, pure Ganache, Gewürztee, Mischungen aus Schokolade und Früchten oder Wein ... Alle fünf Läden in der Stadt bieten die ganze Palette an Spezialitäten – einschließlich der unnachahmlich sämigen heißen Schokolade, die sogar auch gefrostet serviert wird.

Es war der Lebenstraum des Meisterkonditors, ein Wunderland aus braunem Samt zu schaffen und als einer der Ersten der USA die Gaumen-Freuden von der Kakaobohne zu kreieren. Als das Geschäft 2000 in einem industriell geprägten Hafengebiet Brooklyns namens »Dumbo« öffnete, war das Viertel noch jung und unbekannt. Torres und sein Geschäftspartner planten und bauten das Geschäft Schritt für Schritt; an den Start ging es als Großhandelsfabrik, die andere Läden belieferte. Das Herz der Anlage jedoch war so beliebt, dass die Menschen sich an die Vorrichtung hinter Glas drängten, um den Herstellungsprozess zu beobachten und frisches Naschwerk zu ergattern.

Aufgrund des Erfolges ist der Fabrikteil an einen anderen Ort gezogen, um Platz zu schaffen für den endlosen Strom von Kunden, die sich nach der besten Schokolade New Yorks verzehren. Das ehemalige Herz des Betriebs hingegen ist zu einer Schokoladenboutique samt Café umgestaltet worden, in der man sich auch den dekadentesten aller Träume aus braunem Gold erfüllen kann.

Adresse 66 Water Street (Nähe Main Street), Brooklyn 11201, Tel. +1 718.875.1269, www.mrchocolate.com, info@mrchocolate.com | **Anfahrt** Subway: High St (A,C); York St (F), Bus: B 25, B 67, B 69 | **Öffnungszeiten** Mo–Sa 9–20 Uhr, So 10–18 Uhr

49__J.J. Hat Center

Alte Hüte ganz cool

Verblasst sind die glorreichen Tage der »Easter Parade« auf der Fifth Avenue, als herausgeputzte New Yorker ihre Hüte spazieren führten. J.J. Hats, gegründet 1911, war damals nur eines von vielen gehobenen Modegeschäften entlang der Route. Die altehrwürdige Institution ist noch immer ein Herrenmodegeschäft, das Besucher auf eine Zeitreise durch die Geschichte der Hutmacherei mitnimmt, zurück in eine Ära, in der Männer nie oben ohne gingen, etwa in den 1950er Jahren, als der Fedora noch zur Standardgarderobe gehörte, während im frühen 20. Jahrhundert Zylinder, Melone und Kreissäge angesagt waren. Die gute Nachricht: Traditionelle Hutmode ist wieder absolut in, was sich in jüngsten Modeströmungen deutlich widerspiegelt.

J.J.'s ist New Yorks ältestes und größtes Hutgeschäft mit über 10.000 Stück auf Lager. Vorrangig auf Herren spezialisiert, führt es jedoch auch eine Auswahl an Modellen für Damen. So Ihnen der Hut Ihres Lebens noch fehlt, sind Sie hier richtig. Der Expertentipp: Nehmen Sie einen Alleskönner, der für Alltag wie Anlässe gleichermaßen taugt. Mit einer breiten Krempe etwa lässt sich eine bescheidene Statur überspielen. Schlagen Sie die Krempe lässig hoch, wie es bei Europäern und Musikern beliebt ist, und schlagen Sie sie wieder herunter, wenn Sie elegant wirken möchten. Um einen formvollendeten Auftritt hinzulegen, wählen Sie einen Derby, einen Homburg oder gar einen Zylinder, wobei der Derby der beliebteste dieses Trios ist, ihm gelingt der Übergang zum legeren Look besonders leicht. Um im Sommer elegant zu wirken, wählen Sie einen Panamahut, dazu einen weißen oder khakifarbenen Anzug. Am wichtigsten ist die Vielseitigkeit: ein Stil, der sich zu praktisch allem tragen lässt.

Aus Spaß können Sie auch die Exemplare durchgucken, die Stars signiert haben. Noch vergnüglicher allerdings: Probieren Sie selbst diverse alte Hüte durch – Sie werden sich ungemein kultiviert vorkommen.

Adresse 310 Fifth Avenue (Nähe 32nd Street), New York 10001, Tel. +1 212.239.4368, www.porkpiehatters.com, jjhatctr@aol.com | **Anfahrt** Subway: 34 St-Herald Sq (B, D, F, M, N, Q, R); 33 St (6), Bus: M 1, M 2, M 3, M 4, M 5, M 7, M 34 | **Öffnungszeiten** Mo–Fr 9–18 Uhr, Sa 9.30–17.30 Uhr

50 John Derian Company
Die Verwandlung

Mit dem neuen Museum, dem Bowery Hotel, Clubs und Boutiquen direkt nebenan liegt dieser Laden in einem jener hyper-hippen In-Viertel, die sich im Zustand dramatischer Reinkarnation befinden: Spitzenstyle, Spitzenkultur und Spitzenmieten. Gemeinsam mit der Umgebung wandelte sich auch John Derian vom in East Village ansässigen Künstler zum erfolgreichen Unternehmer.

Seine drei Ladenfronten auf der Second Street muten rustikal an, verwittertes Holz und Farmgerätschaften sorgen für wohliges Ambiente. Gemeinsam bilden die drei Einheiten die John Derian Company, jede von ihnen mit eigener Spezialität: Möbel, Kurzwaren und Wohn-Accessoires mit Schwerpunkt Découpage – ein Festbankett fürs Auge!

Es handelt sich um eine uralte Technik: Papierausschnitte, die auf Gegenstände geklebt werden, verwandeln sie in einzigartige Zierobjekte. Wie das geht? Man schneide Bilder und Formen aus, stelle sie zu einer Collage zusammen, trage mehrere Schichten Kleber auf Schmuckkästchen, Fotoalben oder Bilderrahmen auf und erhebe das Banale zum Besonderen – die Möglichkeiten sind unbegrenzt.

Immer schon hat Derian Gebrauchs- und Gelegenheitsgrafik gesammelt – alte Drucke, Ansichtskarten, Etiketts, Briefe, Zeitungen. »Bilder sprechen zu mir, sie erreichen meine tiefsten Schichten«, sagt er, der seine kreativen Schnitzeljagden bereits vor 25 Jahren zu vornehmer Découpage adelte. Dem Markt gefiel, was er sah; das Geschäft mit den Alltagsornamenten florierte. Heute stellt ein Team von Kunsthandwerkern die Edelschnipsel auf Untergrund her; beklebt werden Glasgeschirr, Servierteller, Tabletts, Untersetzer, Kuchenständer, Stifteköcher, Lichtschalter-Caps, Lampen, Wandschmuck. Uhren in Form von Augäpfeln schauen Sie an, Schälchen mit Segelschiff wecken Fernweh, oder ein einziges kostbares Wort – »Love« – bringt Briefbeschwerer zum Sprechen.

Hier gelingt jede Verwandlung, denn dieser Derian ist alles andere als Gray.

Adresse 6 East 2nd Street (Nähe Bowery), New York 10003, Tel. +1 212.677.3917, www.johnderian.com, shop@johnderian.com | **Anfahrt** Subway: 2nd Ave (F); Bleecker St (6); Broadway-Lafayette (B, D, M), Bus: M 5, M 15, M 21, M 103 | **Öffnungszeiten** Di–So 12–19 Uhr, im August So geschlossen

51 Kalustyan's

Vereinte Nationen der Feinschmecker

Hinter dem trügerisch schlichten Eingang im östlichen Teil von Little India verbirgt sich Aladins Wunderküche – New Yorks ältester Gewürz- und Feinkostmarkt. Zunächst raubt einem der süßlich scharfe Geruch der Spezereien den Verstand, dann der Anblick der über 4.000 Import-Lebensmittel, die auf drei Ebenen gelagert sind.

1944 eröffnete der türkischstämmige Armenier Kalustyan eine Gewürz- und Lebensmittelhandlung; heute führt dieses Füllhorn internationaler Spezialitäten nahezu alles erdenklich Essbare: Essig, Soßen, Reis, Nudeln, Getreide, Linsen, Nüsse, getrocknete Früchte, Oliven, Süßigkeiten, Brot, Senf, Honig, Pickles, Chutneys, Öle, Käse ... Wandhoch gestapelt sind verschiedene Salze, Zucker und Chilisorten. Darüber hinaus lagern hier Hunderte von Teesorten, Bohnen und Gewürzpasten. Der Schwerpunkt liegt auf indischen, türkischen, persischen und anderen orientalischen Waren; es ist jedoch nahezu jedes Land der Erde vertreten – eine UNO der globalen Genießer: Australien, Afrika, Südamerika, Asien, Europa, jeder noch so entfernte Winkel der Welt.

Hier die Beherrschung nicht zu verlieren, ist einigermaßen schwierig. Möglicherweise hilft es, sich stoisch auf die Zutaten für ein bestimmtes Rezept zu beschränken; wahrscheinlicher ist es jedoch, dass Sie Ihren Einkaufswagen mit Massen von Muss-ich-haben-Artikeln zur Kasse schieben. Hier kaufen Köche, vom Anfänger bis zum Chefkoch, weil man hier einfach alles bekommt. Es gibt sogar eine Abteilung nur für die Molekularküche.

Neben der schwindelerregenden Fülle des Raren und Exotischen hat Kalustyan's eine weitere Überraschung parat: eine morgenländische Snackbar im oberen Teil des Hauses; im Angebot sind frische kalte Platten, Sandwiches und Suppen für die wenigen Glücklichen – meist Ortsansässige oder Neugierige –, die das versteckte kleine Restaurant überhaupt finden. Hier hätte auch Aladin genüsslich gestöbert, geshoppt und gesnackt.

Adresse 123 Lexington Avenue (Nähe 28th Street), New York 10016, Tel. +1 212.685.3451, www.kalustyans.com, sales@kalustyans.com | **Anfahrt** Subway: 28 St (6, N, R), Bus: M 1, M 2, M 3, M 5, M 9, M 15, M 23, M 34, M 102, M 103 | **Öffnungszeiten** Mo – Sa 10 – 20 Uhr, So 11 – 19 Uhr

52 Kiki de Montparnasse
Aber was für einer!

Den Namen borgt sich die Erotik-Boutique in Soho vom berühmten Pariser Rotlichtviertel und Künstlermekka, aber auch sonst steht sie dem Original an kesser Klasse in nichts nach und widmet sich vollkommen der Welt der sexuellen Phantasien. Ihr in Halblicht getauchtes Innenleben ruft Bilder von piekfeinen Pariser Privatsalons ins Gedächtnis; dekadente Fotografien und Gemälde fügen Farbtupfer hinzu und mischen sich mit verführerischen Dessous und teuren Sex-Requisiten. Kiki's exklusive limitierte Auflage handgefertigter bester Stücke, eleganter Wäsche, sinnlicher Geschmeide und Sexspielzeuge wird ergänzt durch schwüles, schwelgerisches Meublement, Kunst und Bücher – alle dazu entworfen, eine Atmosphäre zu schaffen, die sämtliche Sinne anspricht, einschließlich einer erotischen Hausapotheke mit Bädern und Körperpflegeprodukten, deren aphrodisierende Zutaten die Phantasie anheizen und in Sachen Selbstverwöhnung neue Maßstäbe setzen.

Natürlich fehlen auch die »sexessories« nicht, erotisches Zubehör wie Masken, Augenbinden, Gürtel, Handschuhe und Spielzeuge der Lust aus hochwertigen Materialien einschließlich des Bondage Kits für über 1.000 Dollar. Keine Frage: ein Luxusladen.

Die Wäsche und Sexwear aus Seide, Kaschmir, Leder oder Samt spricht eine große Bandbreite von Vorlieben an; man kann sie sogar jenseits des Boudoirs tragen und damit den Hingucker der Party geben.

Kiki's Philosophie: Sinnlichkeit als ein wesentlicher Bestandteil eines erfüllten Lebens. Intimität sollte geachtet werden und achtbar sein; Liebende sollten ihre Leidenschaft mit Anmut und Hingabe ausdrücken können. Kiki's ultimative Vision: Ein Ganzkörper- und Ganzseelenbad in einem warmen Strom der Seligkeit, eine Öffnung der Psyche zu erlösender Freiheit hin. Das ungehemmte sexuelle Erleben kann süchtig bis wahnsinnig machen – und ist dann genau richtig. Vielleicht mitunter ein langer Weg – aber was für einer!

Adresse 79 Greene Street (Nähe Spring Street), New York 10012, Tel. +1 212.965.8150, www.kikidm.com, info@kikidm.com | **Anfahrt** Subway: Prince St (N, R); Spring St (6, C, E); Canal St (Q); Lafayette St (B, D, F, M), Bus: M 5, M 20, M 21 | **Öffnungszeiten** So, Mo 11–19 Uhr, Di–Sa 11–20 Uhr

53 Kossar's Bialys

Die Herren der Ringe

Während der große Bagel-Boom die westliche Welt mit Massen von Teigringen überschwemmt, ist es New York gelungen, eines seiner Backgeheimnisse zu wahren: den Bialy, eine Delikatesse, die als die nächste Verwandte des Bagels, gilt. Ursprünglich stammt das Traditionsteilchen, das aus Hefeteig geformt, mit einer Knoblauchpaste bestrichen und im Steinofen gebacken wird, aus Bialystok in Polen. Der fertige Bialy zeichnet sich durch eine knusprige Kruste und eine handgeformte Mulde in der Mitte aus – für die Paste.

Die besten ihrer Art gibt es zweifellos bei Kossar's, wo man noch immer einen ofenwarmen Bialy für weniger als einen Dollar bekommt. Puristen meinen, am nächsten Tag schmeckten sie nicht mehr, weshalb man sie auch als »die Eintagsfliegen der Backwelt« bezeichnet – wobei eintägige Bialys durch Toasten durchaus eine Menge ihrer ursprünglichen Qualität zurückerlangen. Das Protokoll schreibt vor, sie nicht aufzuschneiden, sondern oben oder unten mit Butter oder Frischkäse zu bestreichen, wobei achtgegeben werden muss, dass die kostbaren Zwiebelstückchen nicht abfallen.

Seit 1935 liegt Kossar's mitten im Herzen der Lower East Side und wird heute von begeisterten neuen Inhabern geführt, die zusätzlich auch Bagels anbieten. Hier kann man dabei zusehen, wie die Bäcker den Teig kneten, ihn mit dem Grübchen versehen, mit Paste füllen und schließlich aus dem riesigen Ofen holen.

Der Bialy – das ist viel Liebe, viel Geschichte und eine Erinnerung an die Geborgenheit innerhalb der Familie, wie es sie früher einmal gegeben hat. Als Gastrokritikerin Mimi Sheraton für ein Buch über die untergegangene Bialy-Kultur einen älteren Bialystoker interviewte, war der ganz verwundert darüber, dass sie eine Reise in seine polnische Herkunftsstadt plante, um die Geschichte der köstlichen Ringe zu recherchieren. »Warum so weit?«, fragte er. »Kossar's liegt nur zwei Blocks entfernt!«

Adresse 367 Grand Street (Nähe Essex Street), New York 10002, Tel. +1 212.473.4810, www.kossarsbialys.com, info@kossarsbialys.com | **Anfahrt** Subway: Delancey St (F); Essex St (J, M, Z), Bus: M 9, M 14A, M 15, M 22 | **Öffnungszeiten** täglich 6−20 Uhr

54__Laina Jane

Zu den Sachen, Schätzchen

Frauen? Komplexe, schöne Menschenwesen, die oft gleichzeitig sehr verschiedene Rollen meistern. Die laszive Sirene ist nicht selten auch die sich liebevoll kümmernde Mutter. Von großen Kaufhäusern mit Rundum-Service abgesehen – allerdings auch dort meist Welten voneinander entfernt –, gibt es nur einen Laden in New York City, der beide Aspekte der klassischen weiblichen Rollenmuster würdigt und bedient: die Heilige und die Hure, die Verführerin und die Versorgerin.

Eher versteckt im Herzen von West Village gelegen, führte Laina Jane zunächst alles von Miedern bis zu Strapsen, von Höschen bis zu Tangas. Schließlich wuchs sich der kleine Wäscheladen auf der Christopher Street zu etwas bis dahin Ungesehenem aus: zu einer Anlaufstelle für sexy Mamas, die dort alles bekamen, was sie brauchten.

Laina Jane bestand seit 1988 und reifte mit seiner Klientel: Aus Singles wurden verheiratete Mütter, die zunächst Brautkleider, dann Still-BHs und schließlich Kinderkleidung benötigten. »Wir haben uns angepasst«, sagt Lim, eine der drei Schwestern, denen Laina Jane gehört. Darum gibt es »das sexy Fenster und das Baby-Fenster« für die einen und die anderen Schätzchen, je nachdem, für wen man hier kauft. Das Angebot besteht dabei nicht aus Allerweltsartikeln; hier gibt es einzigartige Designer-Wäsche und importierte Babysachen mit Seltenheitswert. Und erst die vielen Geschenkideen! Ob für Braut oder Baby, ob verführerisch filigran oder bezaubernd niedlich, günstig und doch außergewöhnlich: Alles ist in Reichweite.

Laina Jane versteht es, die wahre Schönheit des weiblichen Körpers zu zelebrieren; schon die richtige Unterwäsche verändert Erscheinung und Haltung. BH-Fitting ist Lims Spezialität; Kundinnen nennen sie »die BH-Flüsterin«.

»Welche Größe Sie tragen, weiß ich allein vom Hinschauen«, sagt sie. Und obwohl Sie in einem dicken Parka im Laden stehen, flüstert sie die exakt richtige Zahl.

Adresse 45 Christopher Street (Nähe Seventh Avenue), New York 10014,
Tel. +1 212.807.8077, www.lainajane.com | **Anfahrt** Subway: Christopher St-Sheridan
Sq (1); West 4 St (A, B, C, D, E, F, M), Bus: M 5, M 8, M 20 | **Öffnungszeiten** täglich
11.30–19.30 Uhr

55 Laura Lobdell

Champagne Cinderella

Der größte Kleine! Keine Übertreibung: Dies ist der großartigste Mini-Laden von New York City, ein Schuhkarton von 1,30 Meter mal knapp 5 Meter; es passen kaum mehr als zwei Besucher hinein. Sobald Sie jedoch den mit smartem Understatement präsentierten Schmuck sehen, wird Ihnen klar, dass Größe eben doch nicht zählt.

Gründerin Laura Lobdell gleicht einer »Champagne Cinderella« vor einer Märchenkulisse –, beinahe möchte man sagen: einer Gold-marie mit wallendem Blondhaar und leuchtendem Blick. Herzlich heißt sie Sie in ihrer Kunst-Welt willkommen Ein handgearbeite-ter Lüster aus glitterigen Champagnerkorken hängt in einer Wolke aus rosa Tüll von der silbrigen Decke herab. Gesellschaft leistet der Künstlerin ein Japan Chin, Schoßhund und unverzichtbarer Teil des Shop-Ambientes. Das Motto: Feiere jeden Tag!

Und dann ist da der Schmuck. Es ist nicht leicht, sich auf einem Feld als einzigartig zu profilieren, auf dem es alle versuchen. Laura jedoch hat ihre eigene Nische gefunden; auf Ihrer Entdeckungsreise werden Sie nicht so schnell wieder etwas Vergleichbares finden.

Wie etwa »Guitar Pick«, von Laura ursprünglich für ihre Mu-sikerfreunde entworfen: ein Silberplektrum am Lederband, das um den Hals getragen werden kann. Oder »Bubbles Royale«, ein klas-sisches Seifenblasenstäbchen aus Silber oder Gold, natürlich kom-plett mit Seifenwasser. Für »Seeds of Silk« knotet Laura Streifen aus meergewaschener Seide in dezenten Naturfarben zu Ketten oder Armreifen zusammen und verziert sie mit Perlen, Steinen und Silber. »Longitude & Gratitude« sind Surf-Armbänder aus Seide mit aufgedruckten Koordinaten von Weltklasse-Surfgebieten; der Verschluss aus polierter Meeresschnecke soll Glück bringen. Diese Freundschaftsbänder »kommen am besten, wenn man sie an Hand-gelenken voller Erinnerungen aufreiht«, so Laura. Ist Schmuck doch das größte Kleine, was man lieben Menschen und sich selbst schenken kann.

Adresse 183⅛ West 10th Street (Nähe Seventh Avenue), New York 10014, Tel. +1 646.272.8483, www.lauralobdell.com, info@lauralobdell.com | **Anfahrt** Subway: Christopher St-Sheridan Sq (1); West 4 St (A, B, C, D, E, F, M); 14 St-6 Ave (2, 3), Bus: M 5, M 8, M 14, M 20 | **Öffnungszeiten** Mo–Sa 13–19 Uhr, im Sommer nach telefonischer Vereinbarung

56__Let There Be Neon

Gas and the City

Es war eine Pioniertat, als 1972 der Lichtkünstler Rudi Stern einem damals im Karriere-Knick befindlichen Gas eine strahlendere Zukunft sicherte, indem er die erste Neon-Galerie eröffnete. In dem flüchtigen Stoff sah Stern mehr Potenzial als nur die weitere kommerzielle Verwendung für Neonschilder; vielmehr weckte der Erleuchtete ein allgemeines Bewusstsein für die einzigartige Ästhetik des Edelgases. Das ursprüngliche Studio zog ein ungewöhnlich gemischtes Publikum aus Künstlern, Handwerkern, Herstellern und Philosophen an und war Teil einer boomenden jungen Szene in Soho, die frische, kreative Kombinationen wagte. Das neue Licht der Welt: Neon als Kunst.

Seinen ersten öffentlichen Auftritt absolvierte das Gas 1910 bei einer Pariser Motorenausstellung in zwei 120 Meter langen Glasröhren. Das erste Neonschild der USA besaß im Jahr 1923 ein Autohaus in Los Angeles; bereits in den 1930er Jahren flackerten sie überall im Land. Wenige Jahre später leuchtete der ganze Times Square.

Heute ist die Galerie ein betriebsames Studio samt Workshop in Tribeca, das Schilder für Ladenfassaden, Schaufenster, Restaurants, trendige Retro-Shops und für Film- und TV-Produktionen herstellt – wie etwa »Sex and the City«. Die hier beschäftigten Künstler erarbeiten individuell gefertigte Leucht-Lösungen; es gibt auch einen neuen Nischenmarkt: »Love Neon« für Hochzeitsempfänge. Die Schilder werden im hinteren Teil des Studios hergestellt; die Glasbieger bringen schlichte Röhren in die gewünschte Form, füllen sie mit Gas, zünden den Initialfunken – und Simsalabim!

Besucher dürfen in der ständig wechselnden Ausstellung alter und vor Kurzem in Auftrag gegebener Stücke stöbern, die auf ihre Abholung warten. Manche sind käuflich zu erwerben, so wie auch coole T-Shirts oder Rudi Sterns überarbeitetes Buch »The New Let There Be Neon«. Neon mag zu den trägen Inertgasen zählen; in der Kunst geht es so richtig ab!

Adresse 38 White Street (Nähe Church Street), New York 10013, Tel. +1 212.226.4883, www.lettherebeneon.com, info@lettherebeneon.com | **Anfahrt** Subway: Canal St (A, C, E); Franklin St (1); Canal St (6, J, M, Z, N, Q, R), Bus: M 5, M 9, M 20, M 22 | **Öffnungszeiten** Mo–Fr 9–17 Uhr

57 — The Little Lebowski Shop
Der Laden zum Film

Es ist eines jener kuriosen kleinen Geschäfte, die typisch sind für das alte Greenwich Village: nicht viel größer als ein Schulbus und völlig unscheinbar. Wäre da nicht der lebensgroße *Dude* – wenn auch nur als Pappfigur –, der während der Öffnungszeiten vor dem Laden herumsteht. Ja, der *Dude*. Der von Jeff Bridges und den Coen-Brüdern unsterblich gemachte Klassiker von 1998, »The Big Lebowski«, jene verkiffte Film-Noir-Parodie, die heute Kultstatus genießt. Irre, Mann.

90 Prozent des Angebots kreisen thematisch rund um den »Lebowski«. T-Shirts, Tassen, Becher mit Zitaten aus diesem endlos zitierbaren Film sowie diverse Bücher, Action-Figuren und DVDs von diversen Bridges- und Coen-Werken zählen zum Kernbestand. Eine der Ecken des Ladens ist zur Attrappe einer Bowlingbahn umgebaut, jenem Ort, an dem mehrere der Schlüsselszenen des Films spielen.

Das Geschäft wurde 2007 als Souvenirladen eröffnet, in dem sowohl Subkultivierte als auch konventionelle Touristen gut bedient waren. Als der Umbau des nahe gelegenen Parks zu einer Sperrung der Straße führte, versuchten die Inhaber alles, um sich zu halten. Schließlich erwiesen sich T-Shirts mit einer breiten Auswahl an Pop-Motiven als die Renner. Später kamen zwei T-Shirts mit »Lebowski«-Motiven hinzu – und waren sofort dermaßen beliebt, dass sie alles andere an die Wand verkauften, was sonst noch zum Angebot gehörte. Die Kunden tauften den Boom »Lebowskifest« und »Dudeism«. Als die Auswahl an einschlägigen T-Shirts verbreitert wurde, explodierte der Absatz. Innerhalb der nächsten Monate übernahm der *Dude* förmlich den Laden – der sich daraufhin als The Little Lebowski Shop neu erfand. Nick und Preston, zwei glühenden Anhängern der Popkultur, ist nichts Geringeres gelungen, als einen erfolgreichen Laden zu führen, in dem sich alles um einen einzigen Film dreht – den weltweit wohl einzigen seiner Art. Denn: *The dude abides* – natürlich hier.

Adresse 215 Thompson Street (Nähe Bleecker), New York 10012, Tel. +1 212.388.1466, www.littlelebowskishop.com, littlelebowskishop@gmail.com | Anfahrt Subway: West 4 St (A, B, C, D, E, F, M); Houston St (1, 2, 3); Bus: M5, M21 | Öffnungszeiten Mo 12–21 Uhr, Di–Sa 11–22 Uhr, So 12–19 Uhr

58__ Lomography Shop
Zurück in die Zukunft

Den Anfang machten 1992 eine Gruppe kreativer Wiener und ein obskurer kleiner Fotoapparat mit Namen »Lomo Kompakt Automat«. Das russische Modell erzeugte einzigartige, oft unscharfe Bilder mit intensiven, beinahe psychedelischen Farben. Bald brachte die skurrile Entdeckung eine »Society«, ein »Movement«, eine »Community« und schließlich eine neue Generation von Kameras für radikale Special Effects hervor – wie Übersättigung, extreme Verzerrung, Über- und Unterbelichtung, Unschärfe –; alles Eigenschaften, die traditionell als »schlechte Fotografie« angesehen wurden. Die Lomografie bildete die Gegenbewegung zur Digitalfotografie, zog analoge Ausrüstung und Techniken den zunehmend populären Digicams vor.

Heute handelt es sich um »eine Organisation, die sich dem experimentellen visuellen Ausdruck widmet«. Ihre Philosophie: »Denk nicht nach, schieß!« Entsprechend die goldenen Regeln der Lomografie: »Lass alle Hemmungen fallen, sei spontan, benutze schräge Winkel, drücke immer und überall auf den Auslöser, vergiss formale Ansprüche, schieße ganz buchstäblich aus der Hüfte, sei schnell, mach dir vorher kein Bild von deinem Foto … Und halte dich nicht an Regeln!«

Die Lomografie hat auch im Internet viele Fans; die »Community« teilt ihre Techniken und Bilder untereinander. Die »Society« hingegen unterstützt soziale Aktivitäten, hat gemeinsam mit »Light of the World« und dem Roten Kreuz Spendenaktionen für humanitäre Projekte in Kenia und Ostafrika durchgeführt.

Eine Augenweide ist der Laden in Greenwich Village – eine bonbonfarbene Auswahl an Kameras zum Mitnehmen und Ausprobieren. Das eigene Fotolabor entwickelt Filme und macht Abzüge. Der absolute Knock-out jedoch ist die LomoWall, ein dreistöckiger Lichthof mit Tausenden von Bildern, die Lomografen aus aller Welt eingesandt haben. Stolz trägt er das Motto: *The Future Is Analog.*

Es ist beeindruckend, wie viel Zukunft die Vergangenheit birgt.

Adresse 41 West 8th Street (Nähe Sixth Avenue), New York 10011, Tel. +1 212.529.4353, www.lomography.com, shopnyc@lomography.com | **Anfahrt** Subway: West 4 St (A, B, C, D, E, F, M); Christopher St-Sheridan Sq (1); 8 St-NYU (N, R); Astor Pl (6), Bus: M 1, M 3, M 5, M 8 | **Öffnungszeiten** Mo–Sa 11–20 Uhr, So 11–19 Uhr

59 Love Adorned
Nolita-Charme

Welch eine Metamorphose: Einst schäbig und verkommen, bevölkert von Pennern und Bettlern, zieht die Gegend rund um die Bowery namens Nolita seit einiger Zeit eine gehobene Klientel in ihre exklusiven Restaurants und Boutiquen – wie in Love Adorned, eine Perle von einem Laden.

Vom kurvigen Neonschild und den bunten Köstlichkeiten für das Auge hinter der Glaswand ins Innere gelockt und von Ihren eigenen »Ohs« und »Ahs« begleitet, lustwandeln Sie durch das geräumige Geschäft und bewundern die Vielfalt der kunstvoll dargebotenen Schätze. Die Auswahl ungewöhnlicher Stücke möchte Freude bereiten, unserem komplizierten Leben Momente der Entspannung schenken und Körper und Seele zur Klarheit führen. Im bewussten Gegensatz zur schnelllebigen US-Konsumkultur werden hier dauerhafte Statements gemacht. Der Laden für Lebensstil bietet smarte Begleiter für Haus, Körper und Reisen.

Auf der stetigen Suche nach so originärem wie originellem Design und subtiler Handwerkskunst betrachtet Inhaberin Lori Leven ihre Prachtstücke als potenzielle Wegmarken unseres Lebens und betont dabei das Eklektische bis zuweilen Obskure. Ihre Leidenschaft für das Reisen hat ihr Kleinode von sechs Kontinenten beschert. Entdecken Sie eine betörende Kollektion von Designer-, Vintage- und antikem Schmuck, der von Kieselsteinen bis Diamanten aus allem Erdenklichen hergestellt ist, handgewebte Stoffe und Kleidung, Töpferware, Parfüm, ausgesuchte Kindersachen und Pflegeprodukte. Stöbern Sie durch brasilianische Kristalle, Stoffe afrikanischer Stämme, Mörser und Stößel aus Pakistan, Büffel-Anstecker der Navajos, viktorianische Vinaigretten.

Seit seiner Eröffnung 2011 ist der Laden zum Mekka für alle avanciert, die das Außergewöhnliche suchen. Ob Sie nun etwas zum eigenen Wohlgefallen oder das besondere Geschenk im Sinn haben: In diesem stylishen Laden erliegen Sie früher oder später dem neuen Charme Nolitas.

Adresse 269 Elizabeth Street (Nähe Houston Street), New York 10012, Tel. +1 212.431.5683, www.loveadorned.com, love@loveadorned.com | **Anfahrt** Subway: Bleecker St (6); Broadway-Lafayette (B, D, F, M), Bus: M 15, M 21, M 103 | **Öffnungszeiten** täglich 12–20 Uhr

60 Manhattan Art & Antiques Center

Basar des Big Apple

Paris hat seine zahlreichen »Puces« und »Marchés«. London ist stolz auf seinen berühmten »Portobello Road Street Market«. Istanbul wartet mit seinem labyrinthisch verwinkelten historischen Basar auf. Im Kleinformat kann das auch New York: Das MAAC, direkt in Midtown gelegen, ist zwar bescheidener dimensioniert, aber genauso vielgestaltig und in Jahrzehnten gewachsen. Sammlern, Architekten, Designern, Antik-Fans und Geschenkejägern gilt das Antique Center ohnehin als absolutes Muss; aber auch neugierige Flaneure, die durch die 100 Galerien mit ihren Myriaden von Ausstellungsstücken lustwandeln, werden hier aus dem Staunen nicht herauskommen.

Die Räume des Gebäudes, unter dessen Dach die Läden vereint sind, bleiben ausschließlich Antiquitäten vorbehalten. Durch eine zentrale Wendeltreppe miteinander verbunden, erstrecken sich die Galerien über drei geräumige Etagen und bersten beinahe von europäischen, asiatischen, amerikanischen und afrikanischen Kostbarkeiten aus Kunst und Kunsthandwerk. Hier finden Sie ungeahnte Schätze jeglicher Couleur.

Seit mehr als 40 Jahren hat sich der New Yorker Antik-Basar als ältestes Kaufhaus der Stadt etabliert, in dem Antikmöbel, Silber, Porzellan, Schmuck, Gobelins, Teppiche, Uhren, Gemälde, Skulpturen, Bronzen, Bücher, Lampen, Glasgeschirr, Sammlerstücke aller Epochen und Stile auf ungläubige Augenpaare warten.

Das Manhattan Art & Antiques Center ist eines der größten Juwelen New Yorks – eigentlich unübersehbar, aber noch immer umgeben von der Aura eines Geheimtipps. Packen Sie also ausreichend Snacks ein und verbringen Sie einen ganzen Tag mit dem Erlesenen und Exotischen, dem Schönen und Schrägen, dem Raren und Abgefahrenen – und mit so manchem Überraschungs-Schätzchen, von dem Sie nicht einmal geahnt hätten, dass es überhaupt existiert.

15 MORE GALLERIES

Adresse 1050 Second Avenue (Nähe 55th Street), New York 10022, Tel. +1 212.355.4400, www.the-maac.com, info@the-maac.com | **Anfahrt** Subway: Lexington Ave-53 St (E, M); 59 St-Lexington Ave (4, 5, 6, N, Q, R), Bus: M 15, M 31, M 50, M 57, M 102, M 103 | **Öffnungszeiten** Mo – Sa 10.30 – 18 Uhr, So 12 – 18 Uhr

61 Manhattan Kayak Company

Bretter, die die Stadt bedeuten

Bereits beim Gang durch das Tor beeindrucken die vom Boden bis zur Decke gestapelten Kajaks und Paddleboards mit ihren lebhaften Farben. Tritt man hinaus auf das Dock, das sich direkt zum Wasser hinneigt, ist man umgeben von bunten Schwimmwesten, die zum Trocknen in der Sonne hängen. Nicht gerade ein gewöhnlicher Laden. Eher ist die Manhattan Kayak Company ein Service. Oder noch eher: eine *Erfahrung*. Im Angebot: Kajak- und Paddleboard-Kurse sowie Fahrten auf dem mächtigen und geschichtsträchtigen Hudson River, *die* Gelegenheit, den Fluss mit seinen endlosen Paraden von Fähren, Frachtkähnen, Segelyachten und partyseligen Kreuzfahrtschiffen zu erleben. Vom Wasser aus so dramatisch wie unvergesslich: die New Yorker Skyline und der Hafen.

Das Team besteht aus jungen Profis, die Kurse und Rundfahrten für Menschen aller Alters- und Erfahrungsklassen anbieten. Anfänger werden sorgfältig an Land vorbereitet, bevor sie aufs Wasser dürfen. Während man in einem Kajak sitzt oder auf einem Paddleboard kniet, probiert man seine ersten Paddelbewegungen in relativ ruhigem Wasser aus, bevor man sich weiter hinauswagt. Je nach Wetterbedingungen oder dem sportlichen Niveau der Gruppe variiert die Erfahrung von milde abenteuerlich bis wild und actionsatt.

Der MKC-Shop verkauft alles von Kayaks über Paddleboards bis zu Schwimmwesten, Taucheranzügen, T-Shirts, Hüten und anderem.

Bei unserem ersten Mal haben wir uns an das Paddleboard herangewagt. Zunächst etwas wacklig auf den Beinen, fassten wir während des einstündigen Anfängerkurses, der so lustig wie aufregend war, am Ende Vertrauen. Als wir schließlich das Dock wieder erreichten, grinste einer vom Team meine Partnerin Susan frech an. »Sie sind ja völlig trocken.« Zu mir: »Und Sie sind völlig nass. Wie haben Sie denn *das* gemacht?«

Adresse 555 Twelfth Avenue (Pier 84 at West 44th Street), New York 10036, Tel. +1 212.924.1788, www.manhattankayak.com, info@manhattankayak.com | **Anfahrt** Subway: 42 St-Port Authority (A, C, E), Bus: M 11, M 42, M 50 | **Öffnungszeiten** Mo – Fr 12 – 21 Uhr, Sa, So 9 – 21 Uhr (Öffnungszeiten richten sich nach dem Tageslicht)

62 Manhattan Saddlery

Die Zügel in der Hand

Hier nennt man Ross und Reiter – die Dinge, die sie brauchen. New Yorks einzig verbliebenes Reitsportgeschäft kümmert sich seit über 100 Jahren um die Belange der Pferdefreunde – ob Reitschüler, aktive Wettkämpfer oder solche, die nur zum Vergnügen in den Sattel steigen. Da auf den englischen Stil spezialisiert, umfasst das Angebot der Saddlery nicht nur die Ausrüstung, sondern auch eine große Auswahl an klassischem Reit-Chic von der Kappe bis zu den Stiefeln – ob nun zu Stall- oder Showzwecken.

Als 1912 ein russischer Geschirrmachermeister den Laden am heutigen Standort eröffnete, gehörten Stallungen und Remisen noch zum Stadtbild. Es war jene Zeit, in der Pferdewagen und Kutschen die Infrastruktur des öffentlichen Verkehrs dominierten. Im Laufe der Jahre wurde das Familienunternehmen Miller's zu einem veritablen Imperium ausgebaut und von der »New York Times« als »das equine Epizentrum New Yorks« geadelt. Zur Kundschaft zählten die Rockefellers und die Kennedys. Einmal gar wurde das Pferd einer Kundin in den Frachtaufzug geführt, um dort ein Geschirr anzumessen. Experten bei der Arbeit an ihrem Ruf.

Bald aber ersetzte die pferdelose Kutsche die Gespanne vollständig, die Zahl der Ställe in Manhattan verringerte sich, sank schließlich gegen null – und mit ihnen der Bedarf an Reitzeug. Das Unternehmen stand vor dem Aus. Als 2002 die neuen Inhaber übernahmen, zielten sie auf einen breiteren Markt, indem sie die Preise flexibler gestalteten und unabhängig vom Ausbildungsniveau alle Pferdebegeisterten ansprachen. Reitställe und -akademien in den Außenbezirken ziehen nun Manhattans Reiter an.

Ob Sie Anfänger sind, auf olympischem Niveau galoppieren oder schlicht den Lebensstil mögen – die Hauptebene der Saddlery wird Sie mit klassisch-eleganter Ausrüstung ausstatten; auf der unteren Ebene gibt es dasselbe fürs Tier. Hier setzt man Sie in den Sattel – und damit aufs richtige Pferd.

Adresse 117 East 24th Street (Nähe Park Avenue), New York 10010, Tel. +1 212.673.1400, www.manhattansaddlery.com, info@manhattansaddlery.com | **Anfahrt** Subway: 23 St (6, N, R), Bus: M1, M3, M23, M102, M103 | **Öffnungszeiten** Mo–Sa 10–19 Uhr

63 Martinez Hand Rolled Cigars

Paffen mit pasión

Wenn Sie nicht schon das Aroma frischer Tabakblätter von draußen verlockend anweht, dann überwältigt Sie der schwere Zigarrenduft, sobald Sie das gemütliche kleine Geschäft betreten. Es sind nicht nur die Kunden, die in bequemen Sesseln paffen und relaxen; seit 1974 atmet jeder Winkel des Gebälks den Rauch. Autogramme von New Yorker Sporthelden und andere Memorabilien zieren die Wände. Die altmodische Zigarrenmanufaktur ist auch ein beliebter Treffpunkt; hier finden sich Ortsansässige, Werktätige und Laufkundschaft ein; Aficionados kommen zusammen, um sich bei einer guten Zigarre Geschichten zu erzählen.

An den Rolltischen einer Ecke sitzen hochqualifizierte Fachkräfte, die »tabaqueros«, deren Aufgabe und Passion es ist, sorgfältig fermentierte Tabakblätter – die Einlage –, mit den weicheren Umblättern und schließlich dem Deckblatt zu umwickeln. Die täglich frisch gerollten Endprodukte sind handgefertigte Premium-Zigarren, deren Größe vom schlanken Zigarillo bis zum drei Zentimeter dicken Klassiker reicht. Es gibt Dutzende von Tabakmischungen mit sprechenden Namen wie »bandito«, »corona«, »pasión«, »robusto«, »torpedo«. Auf Plantagen in Honduras, Nicaragua, Ecuador, der Dominikanischen Republik, Brasilien, Kamerun und Sumatra werden die Tabaksorten sorgsam ausgewählt, wobei Kuba noch nicht auf der Reiseroute liegt.

Wir sind es gewohnt, die Zigarre mit besonderen Anlässen zu assoziieren. »Zigarre?« bedeutet: Es gibt etwas Größeres zu feiern. Martinez bietet maßgeschneiderte Zigarren für jeden Anlass.

Hier sind die noblen Stumpen der Lebensstil all jener, die den Geschmack und das Lebensgefühl einer ehrwürdigen Tradition goutieren. Die freundliche Club-Atmosphäre und die stets regen Gespräche wirken einladend; man braucht nur einzutreten und hat sofort interessante Gesellschaft. Hier ist eine Zigarre noch mehr als eine Zigarre.

Adresse 171 West 29th Street (Nähe Seventh Avenue), New York 10001, Tel. +1 212.239.4049, www.martinezcigars.com, sales@martinezcigars.com | **Anfahrt** Subway: 28 St (1, N, R); 34 St-Penn St (2, 3, A, C, E); 34 St-Herald Sq (D, F, Q), Bus: M 1, M 3, M 4, M 5, M 7, M 20, M 34 | **Öffnungszeiten** Mo – Fr 7–19 Uhr, Sa 10–18 Uhr

64__Moishe's Bake Shop

Geschmack der Alten Welt

Seit Ewigkeiten unverändert: Im Herzen des ehemaligen »Yiddish Theater District« in East Village gelegen, ist diese jüdische Bäckerei mit dem Sechziger-Jahre-Charme weithin bekannt für unverfälschtes koscheres Backen – das Gelobte Land für alle, denen beim Gedanken an klassische Babka, Rugelach, Challah, Mandelbrot, Ammonplätzchen, Dobos-Torte oder Pumpernickel das Wasser im Munde zusammenläuft. Wie Juwelen liegt das verführerische Naschwerk in einer Glastheke; manches davon gibt es nur zu bestimmten Feiertagen wie etwa Teiglach zu Rosch ha-Schana, dem jüdischen Neujahrstag, Sufganiot zu Chanukka, Hamantaschen zum Purimfest.

Der Inhaber, Moishe Perlmutter, ist nach dem Zweiten Weltkrieg aus Deutschland in die USA gekommen. Schon sein Vater war Bäcker gewesen und hatte ihm alles beigebracht, was man über jüdische Originalrezepte wissen musste. 1972, als der Laden öffnete, sah dieser Abschnitt der Second Avenue noch schäbig aus, aber in der vorwiegend polnischen, ukrainischen und jüdischen Nachbarschaft waren die Mieten bezahlbar. Dort begann, was sich zu einer Institution entwickeln sollte.

Seit einigen Jahren, seit sich die ethnische Zusammensetzung des Viertels verändert hat, ist der Laden an Ostern wie am Paschafest gleich überfüllt. Die Ladenfassade mit ihren Graffiti zeugt nicht nur vom Zahn der Zeit und vom Vandalismus zurückliegender Jahre, sondern vor allem von seiner Langlebigkeit. Vielleicht liegt seine Popularität nicht zuletzt an Perlmutters warmherzigen Wesen und seiner – mit dem langen Bart und dem volkstümlichen jiddischen Akzent – einnehmenden Präsenz. Oder es liegt am Interieur, das an die Mitte des 20. Jahrhunderts gemahnt. Oder schlicht an der Qualität der Ware. Worauf immer die enorme Beliebtheit zurückgehen mag: Dieses geschätzte Relikt vergangener Zeiten ist ein schlagendes Argument für die Erhaltung des traditionellen East Village. Zukunft für die Alte Welt.

Adresse 115 Second Avenue (Nähe 7th Street), New York 10003, Tel. +1 212.505.8555, www.moishesbakeshop.com | **Anfahrt** Subway: Astor Pl (6), Bus: M 8, M 15, M 101, M 102, M 103 | **Öffnungszeiten** So–Do 7–21 Uhr, Fr 7 Uhr bis eine Stunde vor Sonnenuntergang, Sa geschlossen

65 Mood Fabrics

Tipp für next Topmodels

Zufallsszene: Eine dunkelhaarige Schöne und ihre Kostümdesignerin entrollen lange Spulen durchscheinender Seide und unterhalten sich über den nächsten »Miss Universe Contest«. Die Designerin hält Chiffon an das Gesicht ihrer Kundin. »Dieses Violett schmeichelt Ihrem Teint ganz zauberhaft!« Es stimmt: Die Bewerberin strahlt.

Neben ambitionierten Hobby-Nähern kaufen hier Haute Couture- und Konfektions-Designer, Kostümbildner, Stylisten. Filmproduzenten, Profi-Models, Modestudenten. Auf den zwei Etagen dieses Mekkas für Stoffe findet sich alles, was sich zum Fabrizieren, Dekorieren oder Reparieren eignet – ob nun synthetisch, natürlich, Melange oder Imitation. Die Auswahl ist überwältigend: bedruckte Stoffe, Samt, Brokat, Anzug- und Polsterstoffe, Leder, Wände voller Knöpfe, Gänge voller Garnituren. Alles ist übersichtlich geordnet und ausgezeichnet; die Fachkräfte vom Team beraten gern.

In den 1970er Jahren entwarf Jack Sauma, ein syrischer Designer mit amerikanischem Traum, seine ersten Kleider für die schwedische Kette H&M, die damals in den USA noch unbekannt war. Er zog nach New York, begann für berühmte Designer zu nähen, gründete seine eigene Linie, kam jedoch zu dem Schluss, dass es lukrativer war, seine schönen Stoffe zu verkaufen, zunächst im Großhandel, dann im Einzelhandel. So eröffnete er seinen großzügigen Tempel in den oberen Etagen eines Bürogebäudes. Das TV-Format »Project Runway« schließlich brachte den Durchbruch: Die Bewerberinnen durchkämmten die Gänge des Ladens, um sich daraus wildeste Kreationen zu basteln; mit einem Schlag war Mood Fabrics für Fashion-Junkies der ganzen Welt ein Muss. Mittlerweile führen Jacks Söhne das Geschäft – gemeinsam mit Swatch, dem »vielleicht meistgestreichelten Hund der USA«: Täglich strömen hier 1.200 Kundinnen hindurch. Tipp einer Top-Kundin: »Bringen Sie sich einen Snack mit. Hier sind Sie so schnell nicht wieder raus!«

Adresse 225 West 37th Street, 3rd floor (Nähe Seventh Avenue), New York 10018, Tel. +1 212.730.5003, www.moodfabrics.com | **Anfahrt** Subway: 34 St-Penn Sta (A); 42 St-Times Sq (N, Q, R, 1, 2, 3, 7); 42 St-Port Authority (C, E); 34 St-Herald Sq (B, D, F, M), Bus: M 7, M 20, M 34, M 42, M 104 | Öffnungszeiten Mo–Fr 9–19 Uhr, Sa 10–16 Uhr

66 Music Inn

Die Saitentür

Verloren zwischen Bars, Sex- und Coffeeshops, wie sie die West 4th Street verschandeln, wirkt die wettergegerbte Fassade des Music Inn wie aus einer anderen Zeit übrig geblieben. Die Einheimischen gehen daran vorbei, ohne sie überhaupt zu bemerken. Drinnen jedoch öffnet sich eine Stalaktiten-Höhle voll niedrig hängender Saiteninstrumente jeglicher Art, die um den knappen Raum konkurrieren. Dieser Laden ist Musik: Zupfen Sie eine Note an, und die Klangkörper um Sie herum singen zurück.

Eine knarrende Holztreppe weiter unten befindet sich »der Kerker«, wo das Schlagzeug steht; dort werden auch Reparaturen durchgeführt und neue Ideen umgesetzt. Hier entstand die ladeneigene Erfindung, die elektrische Sarod; neueste Errungenschaft der Evolution klassischer indischer Instrumente.

Wer nach den Wurzeln sucht, wird hier ohnehin fündig: antike Sarods, japanische Shakuhachis, afrikanische Djembés, indische Tablas und Sitars, Ukulelen, Lauten, Banjos, Banjolelen … Spielen Sie die Instrumente durch – oder nehmen Sie einfach zu einem Plausch Platz. Konversation ist hier zur Kunstform erhoben, besonders wenn es um Musikinstrumente geht. In jeder Ecke und Nische stehen gebrauchte Sonderangebote, die wie liebevoll betreute Gäste geduldig warten, bis sie den Laden mit einem neuen Besitzer verlassen dürfen.

Als das Geschäft 1958 als Plattenladen aufmachte, kauften die Kunden LPs, Singles und Schellack-Platten – von denen noch einige neben dem alten Kohleofen um Aufmerksamkeit heischen. Während der Folk-Ära waren dann Gitarren angesagt, sodass die Platten schließlich den Instrumenten wichen und so die kulturelle Explosion der 1960er Jahre in Kunst und Musik spiegelten. Seit die anderen Musikgeschäfte aus der Nachbarschaft verschwunden sind, steht Music Inn heute umso einzigartiger da.

Sofern Sie sich ein Gratis-Museum der Musik erträumt haben, in dem Sie alles anfassen dürfen – hier ist die Tür dazu.

Adresse 169 West 4th Street (Nähe Sixth Avenue), New York 10014, Tel. +1 212.243.5715, www.musicinnonline.com, info@musicinnworldinstruments.com | **Anfahrt** Subway: West 4 St (A, B, C, D, E, F, M); Christopher St-Sheridan Sq (1), Bus: M 5, M 8, M 20, M 21 | **Öffnungszeiten** Mo–Sa 10–19 Uhr

67 The New York Shaving Company

Ein Barbier für Bogart

Eine Verneigung vor jener Zeit, in der Herren noch einen Fedora trugen und sich beim Barbier die Bärte stutzen ließen: Der Friseursalon auf der Elizabeth Street versetzt Sie in eine andere Ära; punktgenau entlässt die Zeitmaschine Sie dort, wo Elegants wie Humphrey Bogart oder Edward G. Robinson das stilbewusste Sagen haben – eine Bastion des Maskulinen inmitten roter Ziegelwände, antiker Friseurstühle und Musik der 1940er Jahre. Eine Männerwelt.

Warum nicht einen Abend in der City hier beginnen? Wählen Sie zwischen einer einfachen Rasur und dem ultimativen Komplettprogramm samt Gesichtspflege. Hüllen Sie sich in ein dampfend heißes Handtuch, genießen Sie nach Ihrem Hauttyp gewähltes Preshave-Öl und überlassen Sie sich dem von einem Herrn in makellos weißem Kittel fachmännisch geführten Rasiermesser. Setzen Sie dem Luxus die Krone auf und gönnen Sie sich eine Kopfmassage; Ihre Haarwurzeln werden prickeln vor Vergnügen, während Sie den Salon als runderneuerter Mann verlassen.

Heutzutage wissen viele Männer recht wenig über die richtige Pflege ihrer Stoppeln, rasieren in die falsche Richtung oder benutzen hautreizende Wässer. Hier unterweist man das bärtige Geschlecht gratis in den richtigen Techniken und rät zur Verwendung natürlicher Produkte wie Rosenwasser oder Orangenöl. Der Laden führt seine eigene Pflegelinie wie etwa Dachshaarpinsel, Rasiermesser und -apparate sowie natürliche Kosmetika für Herren. Darüber hinaus bietet der Salon auch Haarschnitte, Kopfrasuren, Bart-, Schnurrbart- und Gesichtspflege an.

Inhaber John Scala gründete das Geschäft mit dem simplen Vorsatz, der alten Kunst des Rasierens zu einem Comeback zu verhelfen und eine »heilige Stätte der Männlichkeit« zu schaffen, so stilvoll und zeitlos zugleich, dass sich hier auch ein Bogart wohlgefühlt hätte.

Adresse 202B Elizabeth Street (Nähe Spring Street), New York 10012, Tel. +1 212.334.9495, www.nyshavingcompany.com, info@nyshavingcompany.com | **Anfahrt** Subway: Bowery (J); Spring St (6), Bus: M 21, M 103 | **Öffnungszeiten** Mo–Fr 11–20 Uhr, Sa 10–20 Uhr, So 11–19 Uhr

68 Obscura Antiques & Oddities

Happy mit Kadaver

Gruseln wäre für Anfänger. Äußerst passend ist dieser morbide kleine Laden in einem ehemaligen Bestattungsinstitut angesiedelt. Sein bizarres Aufgebot von Artefakten ergattern die Betreiber auf Flohmärkten, Antikbörsen, Auktionen, Dachböden und Privatsammlungen weltweit. Das Geschäft in East Village wartet mit knarrenden Holzböden auf und sorgt auch sonst für das richtige, etwas jenseitig geratene und düstere Ambiente, in dem die nutzlosen, aber unwiderstehlichen Objekte der Begierde voll zur Geltung kommen.

Unter den Kuriositäten finden sich ausgestopfte doppelköpfige Tiere, konservierte Büffelhoden, ethnische Penisscheiden, Menschen- wie Tierschädel und -skelette, antiquierte medizinische Gerätschaften, eingemachte Piranhas und Echsen, viktorianische Perücken, Mastdarmerweiterer, Autopsie- und Amputationsbesteck, Schneekugeln mit Mumienköpfen, Lobotomie-Eispickel, Glaskugeln mit konservierten Insekten darin, Froschgeldbörsen, antike Marionetten und Rabenschädel aus Schokolade.

Eine Kundin beschreibt den spezifischen Reiz so: »Mein fünfjähriger Sohn wollte überhaupt nicht mehr da raus!« Das Fernsehen war auch schon da: Obscuras Jagd auf Kuriositäten steht im Zentrum der TV-Show »Oddities« des Discovery Channel.

Natürlich ist der freakige Laden nichts für jedermann; mit ein bisschen Mut jedoch wird Ihrer Vorstellungskraft alle Ehre gemacht. Die kenntnisreichen Inhaber werden sich freuen, die an schmutzigen Details und dunklen Leidenschaften nicht arme Geschichte ihrer Sammlung genüsslich vor Ihnen auszubreiten.

Während die Preise für einige Raritäten verständlicherweise recht hoch ausfallen, gibt es für Touristen auch schon sehr günstige Appetithäppchen. Mit der Einkaufstasche von Obscura lässt sich trefflich der ganzen Welt beweisen, wie wahrhaft pervers Sie doch sind.

Adresse 207 Avenue A (Nähe 13th Street), New York 10009, Tel. +1 212.505.9251, www.obscuraantiques.com, info@obscuraantiques.com | **Anfahrt** Subway: 1st Ave (L), Bus: M 8, M 9, M 14, M 15, M 101, M 102, M 103 | **Öffnungszeiten** Mo–Sa 12–20 Uhr, So 12–19 Uhr

69__ Off Broadway Boutique
Theater des Lebens

»Glamour« und »beauty« sind die Lieblingswörter von Inhaberin Lynn Dell; beide treffen bestens auf sie selbst zu. Die »Countess of Beauty«, Gräfin der Schönheit, wie ihre Fans sie mit zärtlichem Respekt nennen, ist eine extravagante Achtzigerin, die ihr Geschäft vor 50 Jahren eröffnet hat; schon lange ist es eine Institution der Upper West Side. Wobei Lynn die eindrucksvolle Fleischwerdung all dessen darstellt, wofür sie steht. Mit Filmstar-Make-up, manikürten Händen, unzähligen Ringen daran, dramatischer Frisur und noch dramatischeren Hüten sieht Madame Dell aus, als wäre sie gerade einem Filmset entkommen. Als bestes Model ihres Ladens, als Stilikone, die ihre ausgefallenen Hingucker vorlebt, bevor sie sie verkauft, pflegt sie zu sagen, sie kleide sich für »das Theater des Lebens«.

Über Jahrzehnte hat die Fashion-Expertin den Globus nach Schmuck und Kleidern mit Unikat-Status abgesucht, die Stars und gekrönten Häuptern gut zu Gesicht stehen; vieles ist skurril bis schlechterdings unfassbar. Während in Madames Salon Melodien vom Broadway schummern, staunt sich die Kundschaft durch Mode aus Tibet, Marokko, Indien, Südamerika und Europa. Hier treffen Sie auf Stile, die es anderswo nicht gibt – raffinierte Organza- und Seidenjacken, exotische Haremshosen, kokette Barette, breitkrempige Strohhüte oder mit Federn und Blumen geschmückte Präsentierteller für den Kopf. Wahre Weihnachtskugeln von Klunkern geben den Schmuck: Ohrringe aus Gold und Onyx, Armreife aus Kristall, Korkenzieher-Broschen; alle mit viel Liebe für die Furchtlosesten unter den Fashionistas ausgesucht. Selbstverständlich kann auch maßangefertigt werden.

Lynns weiser Rat: »Ihr Stil ist Ihre ästhetische Höhe, jedes Alter hat etwas Erhebendes zu bieten.« Wenn Sie also den Mittelpunkt suchen, Kaviar vormittags futtern und der Look für Sie ein kategorischer Imperativ ist, gibt es nur eins: »Be beautiful – now!«

Adresse 139 West 72nd Street (Nähe Broadway), New York 10023, Tel. +1 212.724.6713, www.boutiqueoffbroadway.com, offbroadwayboutique@gmail.com | **Anfahrt** Subway: 72 St (1, 2, 3, B, C), Bus: M 5, M 7, M 11, M 57, M 72, M 104 | **Öffnungszeiten** Mo–Fr 10.30–20 Uhr, Sa 10.30–19 Uhr, So 13–19 Uhr

70__Oliver Moore Bootmakers
Handarbeit am Fuß

Nein, das wussten Sie nicht: Bis zur Mitte des 19. Jahrhunderts wurden amerikanische Schuhe für den linken und rechten Fuß in identischer Form hergestellt. Erst 1878 brachte der Engländer Oliver Moore die rechts- und linksfüßige Schuhkultur und seine Liebe zum Handwerk mit ins Land. Seine Familie gehörte zu den ersten, die das Gehwerk für jeden Fuß separat entwarfen.

Bis heute führen die aktuellen Inhaber, »Shoeman« Paul Moorefield und Schuhdesignerin Joan Silverman, die Tradition des handgearbeiteten Maßschuhs gemeinsam mit ihrem erfahrenen Team fort und kreieren einige der schönsten handgearbeiteten Schuhe weltweit, teils aus exklusivem Straußen- oder gar Haileder. Im Angebot sind auch fertige Damen- und Herrenschuhe edelster Labels. Es ist jedoch die Handarbeit am Fuß, die Oliver Moore Bootmakers von der Konkurrenz unterscheidet. Bei dieser aufwendigen Arbeitsmethode entstehen pro Woche nicht mehr als zehn bis zwanzig Paar.

Bei jedem Kunden wird mindestens siebenmal Maß genommen, um den Leisten anfertigen zu können. Um einen einzigen Schuh herzustellen, bedarf es mehr als 200 Einzelschritte, um nur ein einziges Paar zu »bauen«, was im Schnitt acht Wochen dauert.

Luxus und Stil haben ihren Preis: Herrenschuhe sind teurer als Damenschuhe; die Preise liegen im niedrigen dreistelligen Bereich, wobei der Leisten für gut 1.000 Dollar, der immer wieder verwendet wird, noch nicht eingerechnet ist. Von einer langen Liste der Berühmten, Schönen und Reichen abgesehen, zählen zur Kundschaft Menschen mit chronischen Fußproblemen sowie auch solche, die Nachbildungen ihrer alten, aus der Mode gekommenen und – natürlich! – unersetzlichen Lieblingsschuhe wünschen.

Das elegante Ambiente mit Orientteppichen und Antikmöbeln aus der Alten Welt passt zum schicken Pflaster der Upper East Side. Treten Sie ein; Ihre Füße werden es Ihnen danken, denn für sie sind 200 nur wenige Schritte zum Glück.

Adresse 856 Lexington Avenue (Nähe 65th Street), New York 10065, Tel. +1 212.288.1525, www.olivermoorebootmakers.com, info@olivermoorebootmakers.com | Anfahrt Subway: 63 St-Lexington Ave (F); 68 St-Hunter College (4, 5, 6); 59 St-Lexington Ave (4, 5, 6, N, Q, R), Bus: M 1, M 2, M 3, M 4, M 66, M 72, M 101, M 102, M 103 | Öffnungszeiten Mo−Fr 10−19 Uhr, Sa 10−17 Uhr

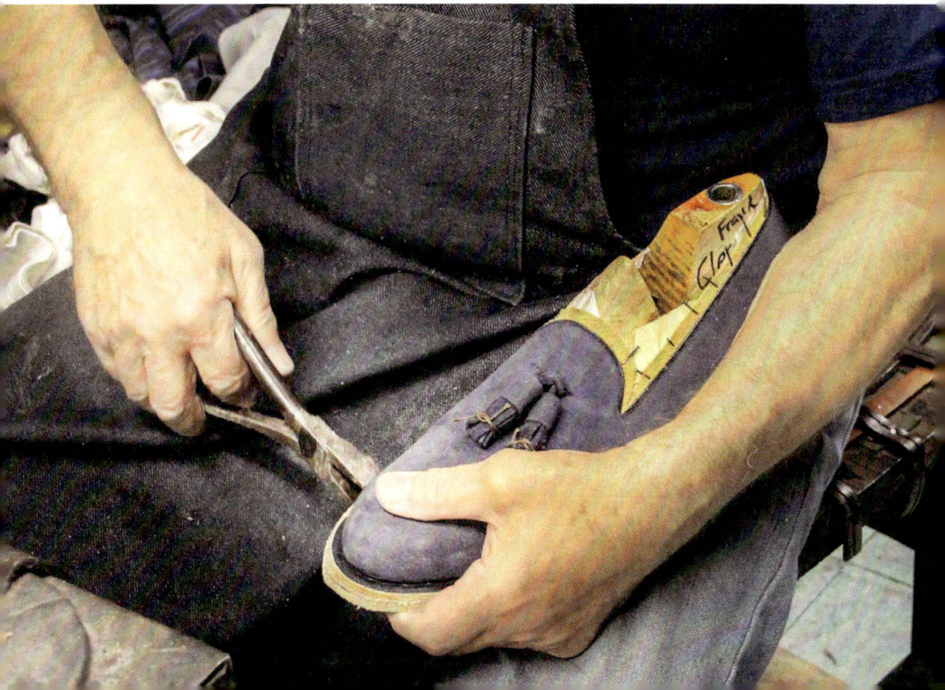

71 Orwasher's Bakery

Ausgezeichnete Öfen

Über Generationen hinweg war es der ganze Stolz der Familie Orwasher, noch immer dieselben unterirdischen Steinöfen und denselben Sauerteig zu verwenden wie in den Gründungstagen vor einem Jahrhundert. Damals begann Einwanderer und Patriarch Abraham Orwasher im Keller seines Wohnhauses in Yorkville Brot zu backen; zu jener Zeit eine blühende osteuropäische Enklave.

Während neue Generationen die Auswahl erweiterten, bewahrten sich Orwashers Öfen ihren Ruf, ausgezeichnetes Brot zu backen, das zum besten New Yorks gehört. Neben dem ursprünglichen Roggenbrot und Pumpernickel gibt es seit den 1940er Jahren auch Rosinen-Pumpernickel – eine Spezialität des Hauses –, des Weiteren irisches Sodabrot, italienische Ciabatta, Wein- und Bierbrote und eine Reihe von Vollkornbroten. Als 2007 neue Inhaber übernahmen, kamen Rustikal-Brote und preisgekrönte französische Baguettes hinzu. Einmal in der Woche wird des Erbes der Orwashers gedacht; wie im Jahr 1916 verlassen dann den einzig verbliebenen Originalofen im Keller knusprige Challah und andere Gebäcke der Alten Welt.

Der Laden wird noch immer vom Viertel frequentiert, beliefert aber auch die ganze Stadt. Nur hier vor Ort jedoch bekommen Sie nach Wunsch frisch zubereitete Jelly Donuts, jene faustgroßen Teilchen mit dem köstlichen Kern. Täglich liefert ein Konditor die Donuts; eine Farm weiter nördlich steuert die Fruchtzubereitungen von genau der richtigen Konsistenz bei, um mit der Spritzpistole in die zuckerbestäubten Donuts befördert zu werden. Wählen Sie Ihre Lieblingssorte und sehen Sie zu, wie sich das hohle Gebäck in eine fast unverschämte Leckerei verwandelt.

Viele halten die Jelly Donuts hier für die besten überhaupt; zur Mittagszeit sind sie bereits ausverkauft. Was macht sie so unwiderstehlich? Vielleicht ihre Fluffigkeit oder das perfekte Teig-Frucht-Verhältnis? Oder vielleicht der Umstand, dass jeder Bissen Appetit auf mehr macht?

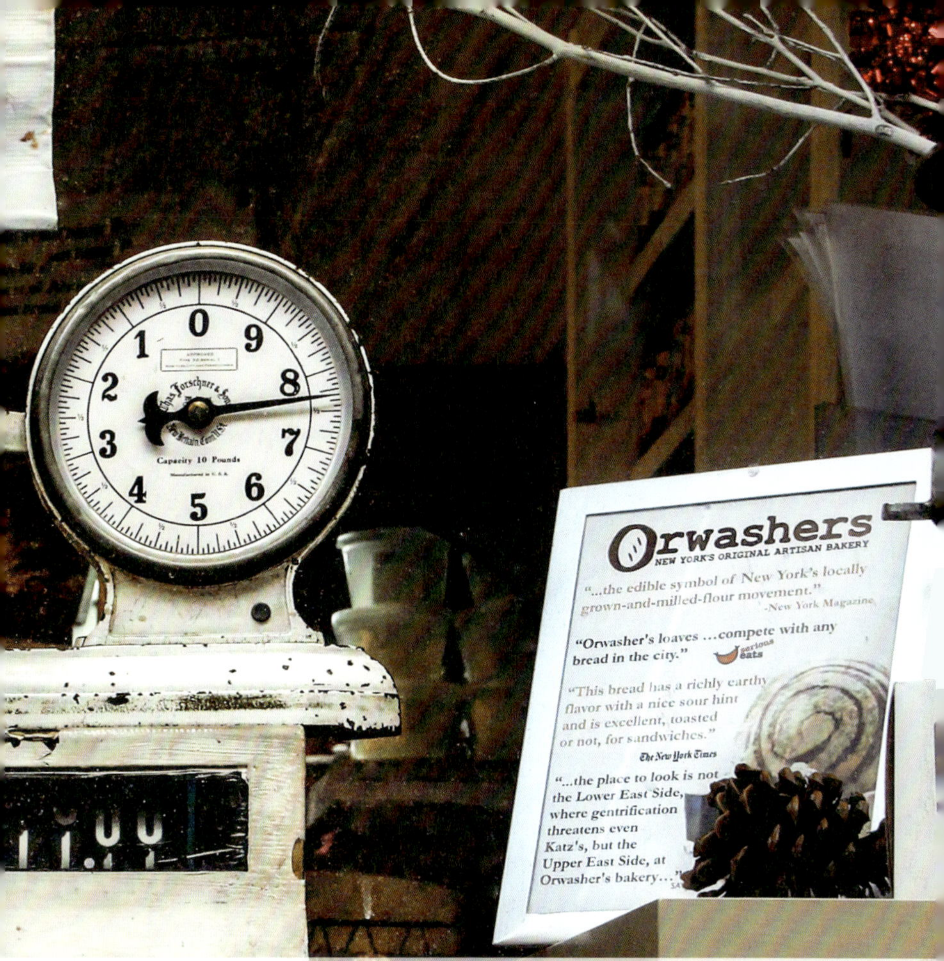
Orwashers
NEW YORK'S ORIGINAL ARTISAN BAKERY
"...the edible symbol of New York's locally grown-and-milled-flour movement."
-New York Magazine
"Orwasher's loaves ...compete with any bread in the city."
serious eats
"This bread has a richly earthy flavor with a nice sour hint and is excellent, toasted or not, for sandwiches."
The New York Times
"...the place to look is not the Lower East Side, where gentrification threatens even Katz's, but the Upper East Side, at Orwasher's bakery..."
Capacity 10 Pounds

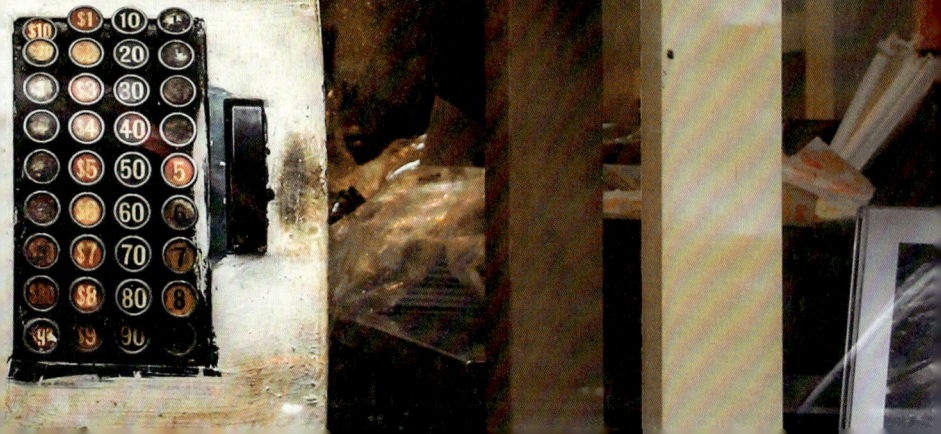

Adresse 308 East 78th Street (Nähe Second Avenue), New York 10075, Tel. +1 212.288.6569, www.orwashers.com, info@orwasherbakery.com | **Anfahrt** Subway: 77 St (6), Bus: M 15, M 31, M 72, M 79, M 101, M 102, M 103 | **Öffnungszeiten** Mo – Sa 7.30 – 20 Uhr, So 8 – 18 Uhr

72__Pan American Phoenix Shop

Guayabera aus Guatemala

Fröhliche Primärfarben und wundersame Dinge, wohin das Auge blickt, machen einen jeden Tag bunter. Als Außenposten des südlichen Nachbarn ist er der älteste Laden der Stadt, der sich auf authentische mexikanische Textilien, Schmuck und Folklore spezialisiert hat.

Von ihrer großen Liebe zu Mexiko inspiriert, eröffnete Martha Bartos das Geschäft 1959 und reiste jedes Jahr hinunter, um die Augen nach schöner Ware für ihren Traumladen offen zu halten. Tochter Mary stieß 1976 hinzu; sie führt das Geschäft noch heute und importiert ihr vielfältiges Angebot aus Mexiko und Südamerika. Besonders stolz ist sie auf ihren Ruf, nur Qualitätswaren zu verkaufen: Kleidung aus reiner Baumwolle, vieles davon aufwendig mit Bändern verziert, Bauernröcke, Seidenschals, geknöpfte Guayaberas. Unter den farbenfrohen Textilien an den Wänden sind handgewebte Wollteppiche aus Oaxaca, Tischleinen aus Guatemala, gestreifte *serapes*, Ballen gewebter und bedruckter Baumwolle, glänzendes und gemustertes Wachstuch.

In Form von Ohrringen, Armbändern, Ketten oder Nadeln reicht der Silberschmuck mexikanischer Top-Designer vom Traditionellen bis zum Zeitgenössischen. Für die hombres gibt es Manschetten, Geldgürtel oder Schlüsselringe. Handbemaltes Geschirr und Keramik spiegeln Hunderte Jahre der Küchentradition.

Leuchtendes, mundgeblasenes Glasgeschirr findet man hier vom Becher bis zum Kelch. Suchen Sie sich ein bestimmtes Design aus – oder mixen Sie munter aus allem zusammen. Die schmucken Körbe, Spiegel oder Laternen setzen elegante Akzente in jeder Einrichtung; Folklore-Kunst aus Lehm, Holz, Papier oder Blech hat Engel, die Geburt Christi oder andere traditionelle Feiertage und Rituale zum Thema.

»Ich war jetzt wirklich oft da unten«, sagt eine begeisterte Kundin. »Aber so viel Mexiko auf einmal habe ich nirgends gesehen.«

Adresse 857 Lexington Avenue (Nähe 65th Street), New York 10065, Tel. +1 212.570.0300, www.panamphoenix.com, shop@panamphoenix.com | **Anfahrt** Subway: 63 St-Lexington Ave (F); 68 St-Hunter College (4, 5, 6); 59 St-Lexington Ave (4, 5, N, Q, R), Bus: M 1, M 2, M 3, M 4, M 66, M 72, M 101, M 102, M 103 | **Öffnungszeiten** Mo–Fr 10.30–18.30 Uhr, Sa 11–18 Uhr

73 Paragon Sports

Nonstop Action

Die Energie spüren Sie sofort, sobald Sie den gigantischen Sport-tempel betreten; durch das Labyrinth der Abteilungen flitzen Läu-fer, Schwimmer, Wanderer, Eishockeyspieler, Snowboarder, Skater. Ob Pokalträumer oder Champions, Anfänger oder Profis, alle tref-fen sie hier zusammen auf der Suche nach dem richtigen Equip-ment oder der geeigneten Montur. Wenn es um die bloße Auswahl geht, die buchstäblich jeden Sport umfasst, gibt es in New York City keine Alternative: Dies ist *das* Mekka für Athleten- und Outdoor-Ausrüstungen.

Paragons vier Etagen sind vollgepackt mit Sportartikeln auf dem neuesten Stand der Technik – von klassisch bis cool. Von Marathon-läufern bis Bergsteigern, von Radfahrern bis Tauchern begegnen Sie hier allen denkbaren Sportlern und den innovativsten, technisch avanciertesten Produkten für eine Vielzahl von Sportarten; Fußbe-kleidung etwa gibt es für allein 20 verschiedene. Die Preise reichen von stattlich bis erschwinglich. Ganzjahres-Globetrotter sind hier bestens bedient; aber auch Spezialisten kann passgenau geholfen werden. Ob Sie nun den Himalaja besteigen, Triathlon betreiben, in Aspen snowboarden oder es Sie gar in die Antarktis zieht; ob Sie ferne Welten erobern oder sich daheim ertüchtigen – hier war-ten das richtige Zelt für Ihren Treck oder die ideale Matte für Ih-ren Yoga-Kurs. Auch den ersten Squash-Schläger oder den ersten Baseball-Handschuh für die Kleinen gibt es hier. Ebenso können Sie sich bei diversen städtischen und privaten Sportclubs anmelden.

Die Kombination von überwältigender Auswahl und Kompe-tenz – diese Formel hat sich seit der Eröffnung 1908 bewährt; die Gründerfamilie betreibt das Geschäft noch heute. Das Gedränge und Geschiebe, die Sonderangebote stets in Reichweite, die über-bordenden Displays, der lässig-sichere Griff, mit dem die Ware abgecheckt wird – dies alles macht Paragon zu einer unverwechsel-baren New Yorker Erfahrung.

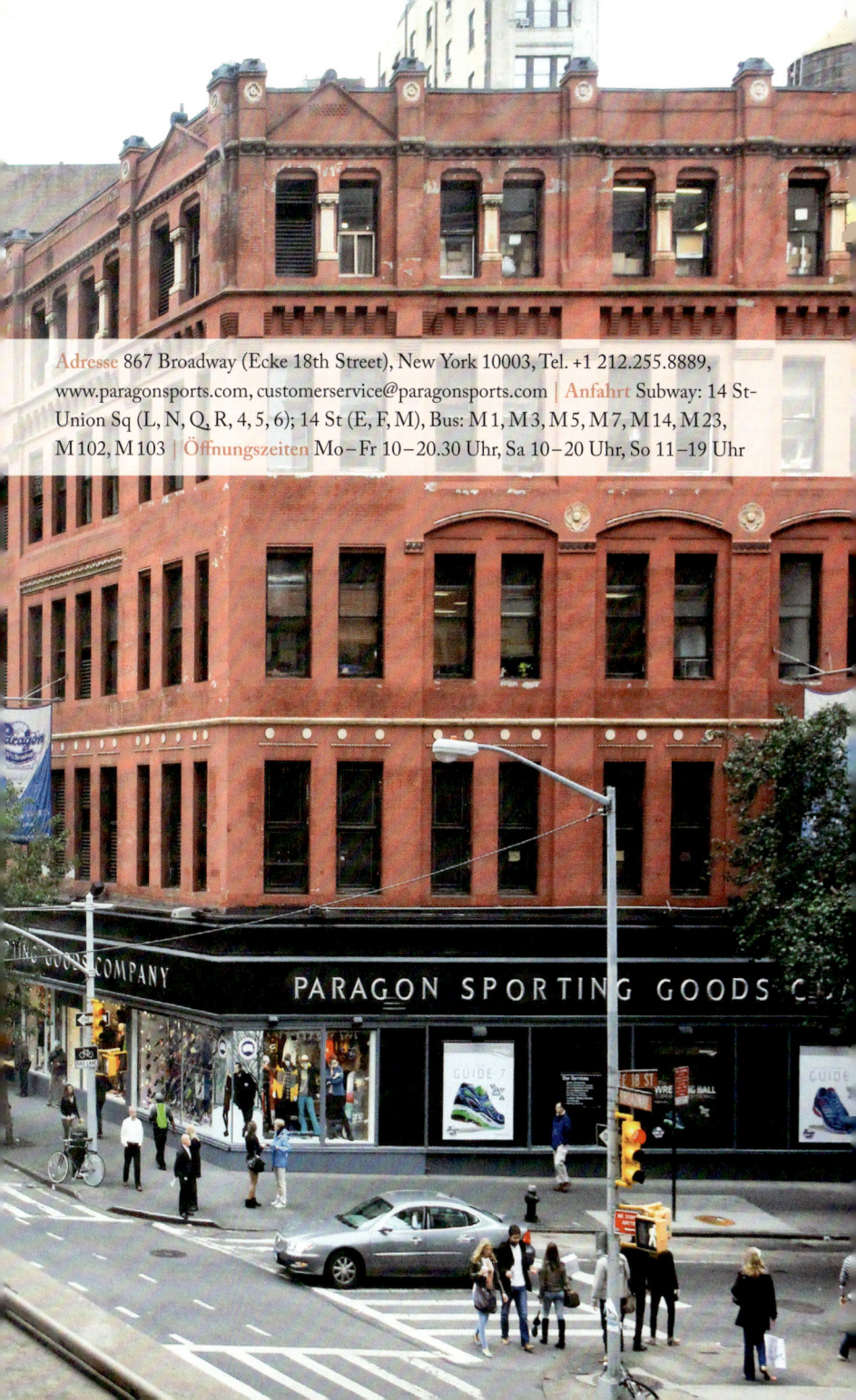

Adresse 867 Broadway (Ecke 18th Street), New York 10003, Tel. +1 212.255.8889, www.paragonsports.com, customerservice@paragonsports.com | **Anfahrt** Subway: 14 St-Union Sq (L, N, Q, R, 4, 5, 6); 14 St (E, F, M), Bus: M 1, M 3, M 5, M 7, M 14, M 23, M 102, M 103 | **Öffnungszeiten** Mo−Fr 10−20.30 Uhr, Sa 10−20 Uhr, So 11−19 Uhr

74__Patricia Field
Das Schöne am Schock

Eine Visionärin durch und durch: 1966 begann Patricia Field mit ihrer Boutique eine einzigartige Modekarriere. Sie wohnte sogar über dem Laden, nur einen Block von Jimi Hendrix' »Electric Ladyland Studios« entfernt. Das Psychedelische definierte den Stil jener Tage, und die Hip-Szene war Greenwich Village. Heute, fast 50 Jahre später und eher im Lady-Gaga-Modus, ist die Downtown-Institution noch immer Liebling der enthemmteren Stars und Modefreaks – und wie eh und je ein bestimmender Faktor im Chic-Befinden des glamourös-glittrigen New Yorker Nachtlebens, in dem die angesagten Stile traditionell von befremdlich über skurril bis pervers reichen. Als Fields für die Kostüme von »Sex and the City« fünf Emmy-Nominierungen gewann, schrieb sie sich endgültig in die Annalen der Popkultur ein.

Mittlerweile ist der vielgeschossige Laden ins ultra-hippe NoHo umgezogen. Die Wände zieren Arbeiten aus Fields exzentrischer Kunstsammlung; ein Gang durchs Haus gleicht einer Wanderung durch einen LSD-inspirierten Traum: Sexy Clubwear, rasante Wäsche, freakige Beinkleider, schräger Schmuck, extraterrestrische Schuhe ... Alles in allem: In etwa das, was passiert, wenn ein abgefahrener Fashion-Junkie auf den Kleiderschrank einer Transe trifft. Die Preise für den Bitte-glotzen-Effekt reichen von billig bis unverschämt.

Ein Besuch lohnt allein schon wegen der grellen Outfits der Bedienung. Das coole Volk mag ein wenig einschüchternd wirken, sobald es jedoch auf seinen Mega-Plateaus zum Beat der Ladenbeschallung ein spontanes Tänzchen hinlegt, wirkt es richtig witzig – und ist auch durchaus hilfsbereit. Im Untergeschoss befindet sich ein Friseursalon für die Freunde des Experimentellen samt Perückenbar.

Mit etwas Glück trifft man Patricia hier an, während sie schockierende Displays zusammenstellt, Kunden begrüßt und Sie ermutigt, es einfach zu wagen und endlich das Ding anzuprobieren: »It's YOU, baby!«

Adresse 306 Bowery (Nähe Houston Street), New York 10012, Tel. +1 212.966.4066, www.patriciafield.com, customerservice@patriciafield.com | Anfahrt Subway: 2nd Ave (F); Bleecker St (6); Broadway-Lafayette (B, D, M), Bus: M 5, M 15, M 21, M 103 | Öffnungszeiten So–Do 11–20 Uhr, Fr, Sa 11–21 Uhr

75__Peanut Butter & Co.
Unvergleichbar streichbar

Wer hätte das gedacht? Hier geht es nicht um Peanuts. Bei Erdnussbutter handelt es sich weder um Butter noch um Nüsse, sondern die vermeintliche Nuss ist eine Hülsenfrucht, und die sogenannte Butter wird aus gerösteten Erdnüssen hergestellt. So praktizierten es vor 3.000 Jahren schon die Inka. Kleiner Zeitsprung: Die Wiederentdeckung fand dann im Nordamerika des späten 19. Jahrhunderts statt; die Erdnussbutter war bald »so amerikanisch wie der Apple Pie«. Über viele Jahrzehnte betrieben große Marken die Massenvermarktung der pappsüßen Paste, wie wir sie heute kennen – zumeist mit Marmelade auf Weißbrot, zuweilen jedoch auch mit ausgefalleneren Zutaten kombiniert wie etwa Mayonnaise, Oliven, Zwiebeln, Meerrettich oder Jalapeños.

Bis 1998 Lee Zalben, Gründer von Peanut Butter & Co., die Szene betrat, der schon bei Schülerwetten Erfinder der kreativsten Erdnussbutter-Sandwiches gewesen war. Er eröffnete einen Laden in Greenwich Village, der mit der Zeit immer bekannter und erfolgreicher wurde. Sein Geheimnis? Köstliche Sandwich-Kombis mit griffigen Namen wie »The Elvis« – gegrillt mit Bananen, Honig und Bacon, »Pregnant Lady« mit Pickles oder glutenfreie Sandwiches aus rein natürlichen Zutaten wie der hippe »Dark Chocolate Dreams«. Auch Jerry Seinfelds Namensvetter gibt es hier – natürlich als Bagel! –, oder zum Dessert einen nussigen Eisbecher.

Es dauerte nicht lang, bis die Fans ihre Favoriten in größeren Mengen mit nach Hause nehmen wollten. Aufgrund der Nachfrage begann der »Peanut Guy«, seine Butter-Spezialitäten auch im Glas anzubieten. Heute liefert er zehn leckere Sorten an über 10.000 Geschäfte weltweit. Der Inhaber ist stolz darauf, nur in den USA angebaute Erdnüsse zu verwenden, während sich sein Laden zur Pilgerstätte der Peanut-Junkies weltweit entwickelt hat. Mit seinen Exporten erfüllt sich Lee den Traum, seine streichzarte Erdnussbutter über den gesamten Globus zu verteilen.

Adresse 240 Sullivan Street (Nähe West 3rd Street), New York 10012, Tel. +1 212.677.3995, www.ilovepeanutbutter.com, customer.service@ilovepeanutbutter.com | **Anfahrt** Subway: West 4 St (A, B, C, D, E, F, M); Christopher St-Sheridan Sq (1), Bus: M1, M2, M3, M5, M8, M20, M21 | **Öffnungszeiten** So–Do 11–21 Uhr, Fr, Sa 11–22 Uhr

76 Pearl River

Der Broadway als Seidenstraße

Broadway goes East: Wer über die Schwelle dieses Hauses tritt, dessen Mund bleibt angesichts der schieren Größe und Tiefe des Raumes offen stehen, während die Augen zwischen den unzähligen Waren hin und her tanzen, die in die Hand genommen, erfühlt und erfahren werden wollen. Wenn man dann hört, dass sich über- und unterhalb der überforderten Sinnesorgane zwei weitere Etagen voller fernöstlicher Waren befinden – von winzigen Schmucksteinchen bis zu massigen Keramikurnen –, ist der Kulturschock perfekt.

Die Eröffnung 1971, noch bevor China und die USA eine offizielle Handelsbeziehung unterhielten, war eine Pioniertat; die chinesischen Gründer glaubten, dies sei der natürlichste und »demütigste« Weg, über den Handel mit Original-Ware aus ganz Asien nicht nur gute Geschäfte zu machen, sondern auch die interkulturelle Verständigung zu fördern. Der Laden war ein augenblicklicher Erfolg – und eine frühe Wirtschaftsbrücke zwischen Ost und West.

Vier Jahrzehnte später ist Pearl River das meistgefeierte chinesische Kaufhaus New Yorks. Das Angebot ist schwindelerregend – vom Einfachen und Praktischen bis hin zum Stylishen, Kuriosen und Exotischen, von billigem Schmuck bis zu wahren Schätzen. Über 15.000 Einzelstücke kosten zwischen 50 Cent und 5.000 Dollar.

Das 2003 nach SoHo umgezogene Einkaufsparadies von stolzen 10.000 Quadratmetern mit dem Innenwasserfall – weniger Kaufhaus denn Kulturbankett – lockt Großstadtschwärmer aus aller Welt mitten hinein in die Seele des Fernen Ostens. Mit seinem Heer von Angestellten, das sich aus gebürtigen Chinesen und hippen Amerikanern der zweiten Generation zusammensetzt, gehört das Unternehmen zur Speerspitze des City Chic.

Auch in TV-Shows war die fernöstliche Schatztruhe häufig zu bestaunen, darunter bei Martha Stewart, Ming Tsai und – natürlich – Oprah Winfrey. Kein Trip zum Big Apple kommt an diesem Kaufhaus vorbei, das über den Perlenfluss kulturelle Brücken schlägt.

Adresse 477 Broadway (Nähe Broome Street), New York 10013, Tel. +1 212.431.4770, www.pearlriver.com, pearlriver@pearlriver.com | **Anfahrt** Subway: Canal St (N, Q, R, A, C, E); Spring St (6); Broadway-Lafayette (B, D, F, M), Bus: M 5, M 20, M 21, M 103 | **Öffnungszeiten** täglich 10–19.20 Uhr

77 __ The Pickle Guys

Fässerweise Saures

Hier geht es ans Eingemachte. Ein Besuch der Lower East Side wäre nicht knackig und rund, machte man nicht bei den Pickle Guys halt, wo der würzige Duft mit der Brise die Essex Street hinunterweht. Inhaber Alan Kaufman, oft bis zu den Ellenbogen im bissfesten Vergnügen, ist stolz darauf, nicht nur Gemüse zu konservieren, sondern auch die Tradition des kosheren Picklings zu bewahren. Heute ist das Geschäft das einzige in einer Straße, in der es einst von Einmach-Experten gewimmelt hat. Kaufman liegt daran, seinen randvollen Fässern ihre historische Heimat zu erhalten.

Die reine Saure-Gurken-Zeit allerdings ist vorbei. Neben den Klassikern können die Kunden heute aus einer breiten Palette von eingelegten Gemüsen und sogar Früchten wählen: Tomaten verschiedener Art, grüne und schwarze Oliven, Champignons, Sellerie, Peperoni, Sauerkraut, Rüben, Wassermelonen, Mangos, Ananas …

Was das Geheimnis perfekter Pickles ist? Ein altes europäisches Rezept. »Wie Mutter sie gemacht hat«, sagt Kaufman. Sorgfältig ausgewählte Gurken werden mit Knoblauch und verschiedenen Gewürzen eingelegt und reifen schließlich – je nach erwünschtem Säuregrad – zwischen einem Tag und drei Monaten lang in Fässern.

Kaufman ist Purist; er verwendet dieselben Methoden – ohne Zusatzstoffe –, die über Generationen weitergereicht worden sind, und geht dabei unter der strikten Aufsicht eines Rabbi zu Werke. Das Ergebnis sind bemerkenswert frische Produkte mit dem gewissen Biss. Besonders bei den ganz sauren Pickles zieht sich der Mund vor Vergnügen zusammen. Es ist ein Wunder, dass die freundliche Laune Kaufmans nach all den Jahren in Essig nicht ins Säuerliche umgeschlagen ist. »Mir gibt es den Kick, wenn die Leute reinbeißen und sagen: Wow, ist das gut!«, sagt Kaufman über seine Gäste, während er ihnen Saures gibt. »Wir plaudern mit den Kunden und sorgen für eine fröhliche Atmosphäre. Es ist eine Pickle-Party!«

Adresse 49 Essex Street (Nähe Grand Street), New York 10002, Tel. +1 212.656.9739, www.pickleguys.com, sales@pickleguys.com | Anfahrt Subway: Delancey St (F); Essex St (J, M, Z); Grand St (B, D), Bus: M 9, M 14A, M 15, M 22, B 39 | Öffnungszeiten So–Do 9–18 Uhr, Fr 9–16 Uhr

78__PIQ
Die Beglückung der anderen

Heute ganz der Scherzkeks? Dann überraschen Sie jemanden, der Ihnen wichtig ist, also etwa Ihre Oma, und kaufen Sie ihr eine Handtasche mit Gummihuhn, Ihrem Kleinen dazu einen Schnuller im Schnurrbartdesign und Ihrem On-Off-Lover ein abgefahrenes Gemälde. PIQ – »Pick a cool gift – Kaufen Sie ein cooles Geschenk« – ist ein schräger Außenposten des guten Geschmacks, in dem Sie Artikel zur Beglückung anderer von wenigen Dollar bis einigen tausend erstehen können. Mit über 40 Jahren Erfahrung in der Branche verstehen es die Inhaber, sowohl die Launen der Kleinen als auch die Schrullen der ausgewachsenen Kinder perfekt in den Griff zu bekommen – von mäkeligen Vorstädtern über urbane Voll-Hipster bis zu mega-anspruchsvollen Spielzeug-Connaisseuren.

Die schrille Oase im Grand Central Terminal bietet eine quietschbunte Palette an Nippes, Designerspielzeug, Pop-Art-Gemälden und Ziergegenständen aus aller Welt. Ein Zoo von afrikanischen Tieren aus Kenia, die aus recycelten Gummilatschen hergestellt sind, geht durchaus ans Zwerchfell. Von günstigen Fisch-Geldbörsen und Salami-Klebeblöcken bis zu teureren Bildern und Skulpturen trendiger lokaler Künstler gibt es hier alles. Da nicht nur innovativer Geschenkeshop, sondern auch Avantgarde-Galerie, veranstaltet PIQ regelmäßig »Meet the Artist«-Events, bei denen sich das Publikum mit den Schöpfern der erfinderischen Kunst-Stücke direkt unterhalten kann.

Das vielseitige Angebot ist gleichermaßen von der Straße wie von Museen inspiriert und mixt das Banale mit dem Ausgefallenen. Gebrauchsartikel sind unmittelbar neben Designerwaren, Neues neben Altem präsentiert. Zielgerichtete wie Neugierige lösen sich aus der Menge der Pendler und kommen vorbei, um nach originellen Präsenten zu stöbern – einschließlich solchen für sich selbst. Was immer Sie treibt: Ein Schmunzeln ist Ihnen sicher, und jeder, der Humor und Herz hat, steht auch auf PIQ.

Adresse 89 East 42nd Street (Nähe Vanderbilt Avenue), New York 10017, Tel. +1 212.867.0969, www.piqproducts.com | **Anfahrt** Subway: 42 St-Grand Central (4, 5, 6, 7, S), Bus: M 1, M 3, M 4, M 42, M 102, M 103 | **Öffnungszeiten** Mo–Do & Sa 8–22 Uhr, Fr 8–23 Uhr, So 9–21 Uhr

79__Play @ Museum of Sex
Lotter und Laster Deluxe

Zwei- bis allemal eindeutig: Für ein erstes Date mag diese schumm- rige Spielwiese der Sinne zu halbseiden ausfallen; für bereits Vertrau- te, die sich bei einem Tête-à-Tête überm Candlelight-Dinner etwas zu sagen haben, beweist sie jedoch große Klasse und ist … anders.

Das Erdgeschoss des MoSex, so der freche Nick des Museums, beherbergt drei faszinierende Läden; das Nice & Sweet Café, das Play – bei Tag gemütliche WLAN-Lounge, bei Nacht verführeri- sche Cocktailbar – und die Boutique MoSexStore.

Die ursprüngliche Idee: Eine Ausstellung zu präsentieren, in der sich »die Phantasie von der Kette lässt, grenzenlos, und man al- les, was man sieht, betasten, belecken, beschnuppern, besaugen und anbeißen kann«. Das stolze Ergebnis: ein Garten der Genüsse, der die Sinne mit lasziven Leckereien und perversen Pikanterien betört. Das Café serviert Snacks, Lunch, Weine und Kaffee. An der Bar wird die Beziehung zwischen Sex und dem Essen näher erkundet, etwa über die schlüpfrige Auswahl an rohen Meeresfrüchten. Sind Sie bereits etwas aufgeregter unterwegs, so empfiehlt sich der Cock- tail »Lickable Skin«, entworfen von Bart Hess, auf dessen Konto auch Lady Gagas Schleimkostüm aus »Born This Way« geht. Er wird auf einem Teller mit hautähnlicher Textur serviert und ist dazu gedacht, aufgeschleckt zu werden.

»The Den«, eine in weiches Licht getauchte Version erotisch aufge- ladener College-Bibliotheken, wirkt intim und doch akademisch. Alle Bücher sind in braunes Papier eingeschlagen, das Innenleben jedoch anzüglich vollgekritzelt oder mit 3-D-Origami versehen. Alte Schul- mädchenmagazine liegen auf den Tischen aus; winzige Peepshow-Vi- deos zwinkern von den Wänden. Es ist surreal, subtil und über-sinnlich.

Im Museumsshop gibt es Sextoys, Bücher, Geschenke und Sou- venirs zu kaufen, ebenso atemberaubende Kunstwerke und Fetische, die Ihnen beim Vorspiel behilflich sein mögen. Zum Nachspiel können Sie ja wiederkommen.

Adresse 1 East 27th Street (Ecke Fifth Avenue), New York 10016, Tel. +1 212.447.PLAY, www.willyouplaywith.us, info@museumofsex.com | **Anfahrt** Subway: 28 St (N, R, 1, 6), Bus: M 1, M 2, M 3, M 5, M 6, M 7, M 23, M 102, M 103 | **Öffnungszeiten** Café: Mo – Fr 7 – 21 Uhr, Sa, So 8 – 21 Uhr; Bar: Mo – Sa 17 – 2 Uhr, So 17 – 24 Uhr

80__ The Porcelain Room

Erbstücke mit Autogramm

Es war eine einzelne Teetasse mit Goldrand, Beschriftung und Monogramm, offenbar das Geschenk an einen Familienpatriarchen, die das Interesse des Gründers Michael Koh weckte; ihretwegen wurde die faszinierende Welt feinen Porzellans zu einer lebenslangen Leidenschaft. Aus Neugier nämlich recherchierte Koh die Herkunft des Erbstücks. Als sich vor ihm die faszinierende Geschichte des europäischen Porzellans entfaltete, entschied er sich, die Freude an dieser hoch spezialisierten Kunst mit dem Rest der Neuen Welt zu teilen.

Klassische Musik spielt leise im Hintergrund und gemahnt an die Porzellanzimmer der Schlösser und Villen aus den vergangenen Jahrhunderten Europas. Nicht ganz von derart grandioser Pracht, spüren Sie in diesen Räumen gleichwohl Geist und Grandezza einstiger Könige und Fürsten, die chinesisches und japanisches Porzellan dem gewöhnlichen Keramik- und Zinngeschirr ihrer Untertanen vorzogen. Die Porzellanzimmer dienten der Zurschaustellung eleganter Service, wertvoller Vasen, Uhren und Figurinen, die den Stil der Inneneinrichtung im Kleinen spiegelten – von Barock und Rokoko bis zu Art déco. Als Europas Königshäuser im frühen 18. Jahrhundert Porzellan herzustellen begannen, bestückten sie primär ihre eigenen Paläste damit; es gesellte sich zu den Preziosen aus Fernost, die sie bereits besaßen.

Jenes aristokratische Ambiente von Eleganz und Dekadenz finden Sie hier reproduziert und zu neuweltlichem Leben erweckt. Ausgestellt sind nicht nur rare antike Sammlerstücke aus Europa und Asien, sondern auch zeitgenössisches Porzellan aus den besten Manufakturen der Welt.

Sie wollten als Kunde schon immer einmal wirklich König sein? Bei der Auswahl behandelt man Sie immerhin fürstlich und ist mit Expertenrat zur Hand; Farben, Text und Monogrammdesign werden selbstverständlich Ihren Wünschen angepasst. Geben Sie der Nachwelt doch hier schon einmal Ihr hochwohlgeborenes Autogramm.

Adresse 13 Christopher Street (Nähe Greenwich Avenue), New York 10014, Tel. +1 212.367.8206, www.theporcelainroom.com, info@theporcelainroom.com |
Anfahrt Subway: Christopher St-Sheridan Sq (1); West 4 St (A, B, C, D, E, F, M); 14 St (2, 3), Bus: M 1, M 2, M 3, M 5, M 7, M 8, M 14, M 20 | **Öffnungszeiten** Mo – Do 12 – 20 Uhr, Fr, Sa 12 – 21 Uhr, So 12 – 19 Uhr

81___Porto Rico Importing Co.
Nachfüllen!

Hier zählt noch jede Bohne, und das riecht man. Schon von Weitem weht dem Liebhaber das betäubende Aroma von frisch gebrühtem Kaffee in die Nase. Einmal über die Schwelle getreten, heißt ihn die warme Atmosphäre vergangener Zeiten willkommen. Reihen von prallen Jutesäcken voller gerösteter Bohnen erstrecken sich über die gesamte Länge des Ladens; Holzregale an den Wänden beherbergen eine große Auswahl an losem Tee mit exotischen Namen wie »Hairy Crab Oolong«, »Pinhead Gunpowder« oder »Margaret's Hope Darjeeling«.

Als Porto Rico 1907 in der Bleecker Street öffnete, war die Nachbarschaft italienisch und das Geschäft nur eines von etwa einem Dutzend, das Kaffee aus ganzen Bohnen an die Anwohner verkaufte; heute ist es hier das letzte seiner Art. Über Generationen von Bohemiens, Beatniks, Hippies und nun auch die Dotcoms hinweg hat Porto Rico Bohnen an Cafés und Restaurants geliefert und ist integraler Bestandteil der berühmten Kaffeehaus-Szene von Greenwich Village gewesen.

Die Auswahl an Bohnen und Mischungen aus jeder kaffeeanbauenden Region der Welt ist beinahe verwirrend; hier finden Sie auch jede Art von Zubereitung, ob nun Espresso- oder Kaffemaschine, Tasse oder Kanne. Die Palette an süßen Verführungen wie »Coffee Toffee« oder schokoladeumhüllte Espressobohnen gar nicht erst zu erwähnen. Ebenso gibt es hier traditionelle italienische Spezialitäten: Gewürze, getrocknete Pilze, Digestiva und medizinische Elixiere.

Der Service sei der Schlüssel zum Erfolg, so Inhaber Peter Longo. Für angesichts der Überfülle vollends Überwältigte gibt es als Entscheidungshilfe auch gern eine kleine Führung durch die Röstungen. Oder probieren Sie doch einfach den Kaffee des Tages. Wenn Sie Ihre eigene Tasse mitbringen, brauchen Sie nur »Nachfüllen!« zu rufen – und es kostet schlappe 65 Cent. Unschlagbar in einer Stadt, in der die meisten Coffeeshops 2 Dollar 50 Cent und mehr für eine Tasse Java verlangen.

Adresse 201 Bleecker Street (Nähe Sixth Avenue), New York 10012, Tel. +1 212.477.5421, www.portorico.com, questions@portorico.com | **Anfahrt** Subway: West 4 St (A, B, C, D, E, F, M); Houston St (1), Bus: M 5, M 20, M 21 | **Öffnungszeiten** Mo–Sa 9–21 Uhr, So 12–19 Uhr

82 Reciprocal Skateboards and Pinball

Flippig in beide Richtungen

Dezenter geht es kaum: In einem Wohnblock der East 11th Street gelegen, zieht die schrillbunte Doppelfassade lässig die Blicke auf sich. Doch trotz der vielen Aufkleber, der Street Art und der hellen Beleuchtung meidet man Eigenwerbung und verlässt sich auf Mundpropaganda. Wer erst einmal eine Weile hier ist, versteht auch, warum: Man wird zur Familie. Und in der Familie hat man Werbung nicht nötig.

Seit 2007 machen die Markenskateboards von Reciprocal die Bordsteine von East Village unsicher. Auf jedem prangt exklusiv das Design eines lokalen Künstlers. Die Boards mit speziellem Design erscheinen in limitierter Auflage. Sobald alles weg ist, wird der nächste Künstler beauftragt, und das Spiel beginnt von Neuem – von der Idee, Vervielfältigung, Verbreitung bis zur schlussendlichen Zerstörung. »Reciprocal« meint hier auch die Belohnung des Künstlers durch die rollenden Werbeflächen. Ebenso ist der Laden ein Skateshop mit Rundum-Service, in dem es Marken, Klamotten und alles gibt, was man braucht, um über jede Straße des Planeten zu fetzen. Teils ist es ein Fachgeschäft, teils wird hier cool abgehangen.

Sofern Ihre Neugier Sie in die Nähe des Piepsens und Blinkens geführt hat, befinden Sie sich inmitten der größten Sammlung von Flipperautomaten in ganz Manhattan. Während die meisten Automaten der Stadt in Bars anzutreffen sind und einen Dollar das Spiel kosten, kann man sich hier bereits für 50 Cent versuchen. »Reciprocal« steht wiederum für das Auf und Ab des Pinballs.

»Pinferno« nennt sich das von Reciprocal jährlich ausgerichtete Turnier, das etliche der Top-Flipper-Genies der Welt anzieht. Jeder kann sich registrieren lassen für diesen Fun-Sport, der Geschicklichkeit mit Zufallsglück kombiniert. Schauen Sie vorbei und huldigen Sie ganz einfach dem sinnlos hippen Spaß. Zur Wahl stehen Flipper und Skateboards – oder beides!

Adresse 402 East 11th Street (Nähe First Avenue), New York 10009, Tel. +1 212.388.9191, www.reciprocalnyc.com, info@reciprocalnyc.com | Anfahrt Subway: First Ave (L); Astor Pl (6), Bus: M 8, M 14, M 15 | Öffnungszeiten täglich 10–20 Uhr

83 Rudy's Hobby Shop

Das Original von Queens

Astoria in Queens, einst Arbeiterviertel und Industriegebiet, in dem auch die Flügelfabrik Steinway angesiedelt ist, gilt heute als eine der trendigsten »alten Gegenden«, beherbergt Hippes wie »Kaufman-Astoria«, ein Film- und TV-Studio, das Hollywood Konkurrenz macht, oder das coole »Museum of the Moving Image«. Typisch für die geschäftigen Einkaufsstraßen sind die Boutiquen, Internet-cafés, ethnischen Restaurants, angesagten Weinbars und abgesagten Tante-Emma-Läden. Inmitten dieser Kakophonie von damals und heute liegt Rudy's Hobby Shop, auf dessen Karte »Hobby & Kunst & Glaubensartikel« steht.

Ein Stilbruch? Mitnichten. Den Laden hält die Vergangenheit zu-sammen: Hier gibt es Modellbaukästen, Künstlerbedarf, Kisten, rand-voll mit gebrauchten Büchern und Platten, Reliquien, Rosenkränze und schließlich, was Rudy »Bodenspielzeug« nennt: Mini-Autos und Soldaten für jene rare Spezies Kind, die sich noch mit Low-Tech abgibt.

Der eigentliche Reiz liegt in der Atmosphäre, die an einen Dach-boden voll mysteriöser Geheimnisse gemahnt: Regale, vollgestopft mit in Cellophan gehüllten Kindheitserinnerungen wie etwa Kästen mit Malen nach Zahlen. Vintage-Flieger schweben von der Decke, während den Vorsitz über dieses eklektische Kuriositätenkabinett Rudy Cochran führt, ein sanftmütiger Mann, dessen Geschäft sich im Laufe eines halben Jahrhunderts von einem Eissalon zu einem Hobbyladen gewandelt hat. Als ein benachbarter Künstlerladen schloss, kaufte er dessen Bestand auf; desgleichen bei einem einge-gangenen Geschäft für Religiöses. Nach und nach geriet Rudy's zu einem Auffanglager für ... nun ja, dies und das. Seine Nische.

Hobbyenthusiasten zieht der Laden magisch an, finden sie hier doch klassische wie moderne Bausätze und sonst alles, was man nur noch schwer bekommt. Alle fürchten den Tag, an dem Rudy in den Ruhestand geht. Nichts wird die Kluft in der Zeit überbrücken wie dieses Original von Queens.

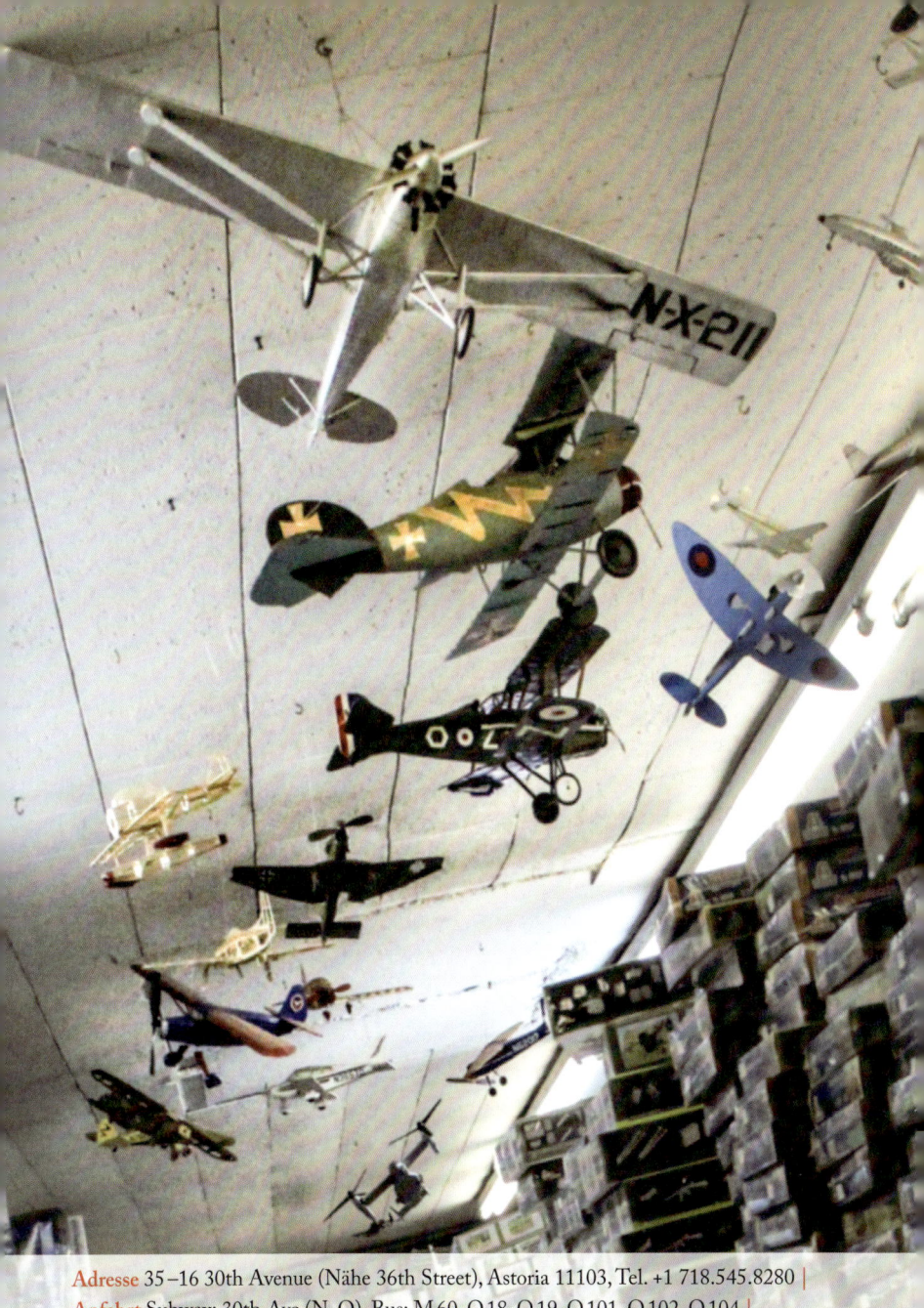

Adresse 35–16 30th Avenue (Nähe 36th Street), Astoria 11103, Tel. +1 718.545.8280 |
Anfahrt Subway: 30th Ave (N, Q), Bus: M 60, Q 18, Q 19, Q 101, Q 102, Q 104 |
Öffnungszeiten Mi–Sa 11–18.30 Uhr

84 Russ & Daughters

Drei kleine Meerjungfrauen

Man glaubt hier einiges kaum, weder die Qualität der Ware – noch ihre Geschichte. Gründer Joel Russ, 1907 aus Polen eingewandert, verkaufte zunächst getrocknete Pilze von einer Karre aus. 1914 eröffnete er einen »appetizing store«, in dem es nur feinsten geräucherten und eingelegten Fisch gab. Ursprünglich bezeichnete der Begriff für die überwiegend jüdische Bevölkerung der Lower East Side ein Geschäft, in dem man Lebensmittel kaufen konnte, die mit Bagels gegessen wurden – meist Fisch und Milchprodukte –, während »delicatessen« Fleisch anboten.

Das Problem: Die rauen Manieren des Inhabers vertrieben die Kundschaft. Aber: Er hatte drei hübsche Töchter, und sein Geschäftssinn riet ihm, die Mädchen zum Verkauf der Fischspezialitäten anzustellen, mit denen er sich einen Namen gemacht hatte. Die Strategie ging auf; kurzerhand ergänzte Russ das Firmenschild um den Zusatz »& Daughters« – 1933 einer kühner Schritt und möglicherweise das erste Mal, dass in der damals männerdominierten Welt des Handels Frauen im Firmennamen berücksichtigt wurden.

Heute bietet sich hinter der Glastheke ein üppiger Anblick: geräucherter Lachs in mindestens elf Varianten, golden schimmernder Weißfisch, Hering, Kaviar, Forelle, Gefilte Fisch, Frischkäse und Fischsalate. Jenseits der Theke stehen köstliche Gebäcke, getrocknete Früchte, Nüsse, Schokolade und traditionelle Süßigkeiten zur Auswahl.

Das gesprächige Personal, das Kundschaft aus aller Welt bedient, ist in jeglichen Fachfragen versiert – rund ums Pökeln, Einlegen, die perfekten Schneidetechniken, Serviertipps – und gibt auch gern über die Unternehmensgeschichte Auskunft.

Obwohl seiner Zeit voraus, konnte Joel Russ nicht ahnen, dass sein Geschäft eines Tages von so unterschiedlichen Autoritäten wie dem »Smithsonian Institute«, der »New York Times«, dem »National Public Radio« und sogar von TV-Koryphäe Martha Stewart gepriesen werden würde. Unglaublich, aber wahr.

Adresse 179 East Houston Street (Nähe Allen Street), New York 10002,
Tel. +1 212.475.4880, www.russanddaughters.com, info@russanddaughters.com |
Anfahrt Subway: 2nd Ave (F); Delancey St (J, M, Z); Bleecker St (6), Bus: M15, M21,
M103 | Öffnungszeiten Mo–Fr 8–20 Uhr, Sa 8–19 Uhr, So 8–17.30 Uhr

85___Sakaya

Ein Eisberg namens Sake

Manchmal ist der amerikanische Traum ein japanischer – und wird genauso wahr. Die Inhaber von Sakaya, Rick und Hiroko, glauben: Die Zeit ist reif für New Yorks erstes – und bislang einziges – Geschäft, das sich auf Premium-Sake spezialisiert hat.

Ricks Leidenschaft für Nippons Nationalgetränk entflammte im Jahr 2000, als er an einem japanischen Dinner in New York teilnahm, wo zum Essen eine Auswahl verschiedener Sake-Sorten gereicht wurde. Für ihn war es eine Offenbarung, als er die Variationsbreite dessen erschmeckte, was oft fälschlich als Reiswein bezeichnet wird. Der Sake erinnerte in nichts an jenen penetranten Fusel, der ihm zuvor in japanischen Restaurants kredenzt worden war. Reiswein ist dabei gar kein Wein, sondern ein Gebräu – ähnlich wie Bier. Dennoch, so Rick: »Er trinkt sich wie ein guter Wein.«

Als langjähriger Weinkenner war Rick überrascht herauszufinden, dass auch Sake sich durch eine Vielfalt von Aromen und Geschmacksnoten auszeichnet, die alle aus der vermeintlich simplen Kombination von Reis, Wasser, Hefe und der Fermentierhilfe »koji« hervorgehen. Die Urerfahrung verwandelte ihn in einen besessenen Sake-Probierer, wo immer das Getränk in Reichweite war. Auch zu Hause recherchierte er mit Ehefrau Hiroko, für die das Getränk ein gewachsener Bestandteil ihres Lebens war, intensiv in Sachen Sake.

Bei Sakaya liegt der Schwerpunkt darauf, die Kunden mit den Freuden des Sake-Genusses und dessen Kombination mit verschiedenen Speisen – darunter sogar Käse und Obst – vertraut zu machen. Geboten wird eine Bildungserfahrung, die nicht nur in einer Wertschätzung des Sake mündet, sondern auch in einer Würdigung der Kultur, der er entstammt.

Das Paar glaubt, derzeit erst an der Spitze des »Sake-Eisbergs« zu kratzen. Immer gibt es etwas Neues zu erkunden – und ein großer Teil des Sake-Vergnügens liegt für die beiden darin, ihr Wissen mit den Kunden zu teilen. Ein Traum.

Adresse 324 East 9th Street (Nähe Second Avenue), New York 10003, Tel. +1 212.505.7253, www.sakayanyc.com, rick@sakayanyc.com | **Anfahrt** Subway: Astor Pl (6); 8 St-NYU (N, R), Bus: M 8, M 14A, M 15, M 101, M 102, M 103 | **Öffnungszeiten** Mo–Sa 12–20 Uhr, So 12–19 Uhr

86 Schaller & Weber
Best of Wurst

Beinahe ein Kinderspiel: Als Ferdinand Schaller 1927 in New York ankam, war er bereits ein versierter »charcutier«, der seine Laufbahn mit 14 Jahren als Lehrling bei einem Stuttgarter Metzgermeister begonnen hatte. Zehn Jahre später traf er in New York auf den ehrgeizigen Fleischer Tony Weber; nicht lange, und die beiden taten sich zusammen. 1937 eröffneten sie Schaller & Weber in Yorkville in der Upper East Side – zu jener Zeit eine deutsche Enklave, auch als Germantown bekannt.

Als eines von vielen urdeutschen Geschäften in der Nachbarschaft waren sie ein Hausmacherbetrieb. Eine Erfolgsstory: Bald wurde ihr Wurst- und Fleischangebot von New Yorker Feinschmeckern mit Lust am Rustikalen über alles geschätzt, wenig später im ganzen Umkreis – und schließlich in aller Welt. Schaller & Weber-Produkte haben wiederholt Gold- und Silbermedaillen bei internationalen Ausstellungen in Holland, Österreich und Deutschland gewonnen – eine ganz besondere Ehre für New Yorker Metzger.

»Wenn man immer nur die erlesensten Zutaten nimmt, sich an überlieferte und bewährte Rezepte hält und stolz auf seine Arbeit ist, wird das Ergebnis stets beste Ware sein«, glaubte Schaller; die Spitzenqualität der Marke liefert den Nachweis. Ihre Bratwürste und anderen teutonischen Spezialitäten stehen den deutschen Originalen in nichts nach. Auch Oldenburger, Weißwurst und Trüffel-Leberpastete bekommen Sie hier, insgesamt über 20 verschiedene Wurst-, neun Leberwurst-, 17 Aufschnitt-, vier Schinkensorten – wobei der zweifach geräucherte Schinken der Renner ist –; darüber hinaus 15 Sorten Cervelatwurst und Salami. Der glänzend weiß gekachelte Laden quillt beinahe über von importierten europäischen Delikatessen aller Art.

Seit einem Dreivierteljahrhundert bietet man hier Kindern ein Stück von der preisgekrönten deutschen Mortadella an: »Schließlich haben die Kleinen den kritischsten Gaumen.«

Adresse 1654 Second Avenue (Nähe 86th Street), New York 10028, Tel. +1 212.879.3047, www.schallerweber.com, info@schallerweber.com | **Anfahrt** Subway: 86 St (4, 5, 6), Bus: M 15, M 86, M 102, M 103 | **Öffnungszeiten** Mo – Fr 9 – 18 Uhr, Sa 8.30 – 18 Uhr

87 Serengeti Teas & Spices
Ernte im Asphaltdschungel

Serengeti darf nicht sterben? Solange man diese Oase in Harlem betreten kann, in der Hunderte von Teemischungen und anderen verlockenden Getränken auf den Safarigänger warten, *lebt* Serengeti Teas & Spices. Man beobachte nur an der Probiertheke, wie das nach eigenen Wünschen gemischte Getränk zubereitet wird, schlürfe es genüsslich – und inhaliere einen kräftigen Schuss afrikanischer Kultur. Glänzende schwarze Tische kontrastieren mit den weißen Wänden; geflochtene Körbe, geschnitzte Wildtiere und Gewürzkrüge zieren das Interieur.

Der Inhaber und »Mischungs-Guru« Caranda Martin zaubert stets eine enorme Bandbreite an einzigartigen Kompositionen für Ihr Schlürfvergnügen herbei und nimmt Sie mit auf eine kulinarische Reise, beginnend mit einer riesigen Teesammlung, die von diversen kleinen Teeplantagen in Afrika und Südasien stammt, über Kakaogetränke, ungewöhnliche Kaffees, ausgewählte Gewürze aus exotischen Ländern bis hin zu Spezialmischungen der Saison in limitierter Auflage.

Während seiner Reisen durch den Kontinent, gemeinsam mit seiner Großmutter, einer Kräuterkundigen, lernte er, wie man produktive Beziehungen zu den Tee-Erzeugern aufbaut. Sie brachte ihm auch bei, wie man Tee aufschäumt, indem man pulverisierte Blätter mit heißem Wasser aufgießt und dann mit einem langen Löffel kräftig rührt. Nicht gerade die übliche Tasse Tee.

Der Guru mit Geschmack belebt eine afrikanische Gastro-Kultur neu, indem er ungewohnte Aromen – wie etwa wilde Beeren oder Palmherz – mit Affenbrotbaum kombiniert. Hier kann man einfach hereinspazieren und vom täglichen Angebot kosten. Die Produkte sind handgemischt je Unze im Verkauf – oder in hübschen Dosen in bunten Farben und Mustern.

»Mein Ziel ist es«, sagt Caranda Martin, »einen Übergang vom Asphaltdschungel New York in eine Umgebung zu schaffen, die anders, unerwartet und afrikanisch ist. Wir möchten Sie auf eine kleine Reise mitnehmen – durch die Aromen Afrikas.«

Adresse 2292 Frederick Douglass Boulevard (Nähe 123rd Street), New York 10027,
Tel. +1 212.866.7100, www.serengetiteasandspices.com, serengetiteasandspices@hotmail.com |
Anfahrt Subway: 125 St (A, B, C, D), Bus: M 3, M 10, M 60, M 100 | **Öffnungszeiten**
Mo–Mi 7.30–19.30 Uhr, Do, Fr 8–20.30 Uhr, Sa 8.30–21 Uhr, So 9–19 Uhr

88__ Silvana
Hellblau ins Delirium

Dass ein solcher Laden nicht nur existiert, sondern boomt: Im Zeitalter der Vielfalt verwundert dies niemanden. Die Inhaber, Sivan und Abdel Ouedrago, wollten eine Atmosphäre schaffen, die der enormen Variationsbreite von Geschmäckern und Vorlieben innerhalb der vor Energie berstenden Kultur des heutigen Harlem entspricht.

Wer durch die babyblauen Türen tritt, wird alsbald mit den verborgenen Schätzen im Inneren vertraut gemacht. Auf Straßenniveau ist Silvana eine Kreuzung aus Boutique und Café, in der eine wechselnde Auswahl an Waren aus aller Welt angeboten wird: so etwa handgemachter Schmuck aus Israel, bunte Hüte aus Äthiopien, T-Shirts von einem Harlemer Designer, Heimdekor aus Indien, marokkanische Teppiche, skurrile Holzpuppen aus Burkina Faso. Im Café werden Speisen aus dem Nahen Osten serviert – wie Falafel, Schawarma oder Shakshuka; dazu gibt es frisch aufgebrühten Bio-Kaffee und -Tee sowie Wein und Bier.

Wer sich auf einen der genialen Drehstühle an einen der Holztische setzt, ist bald von einem eklektischen Mix aus Familien, Studenten, Freelancern und Originalen des Viertels umgeben, die den kostenlosen Internetzugang und die günstigen Erfrischungen zu schätzen wissen. Am Abend schließlich tönt von unten Musik herauf. Wer dorthin zu folgen wagt, wird eine Art Kellerbar samt Restaurant vorfinden, in der Live-Bands spielen und DJs auflegen. Die Tische in der Nähe der Bühne sind mit Bildern verziert, die Geräusche und Gerüche orientalischer Basare heraufbeschwören. Im hinteren Teil der Bar stehen entlang der marokkanischen Tische lange Bänke und niedrige Hocker, die zu einem Drink mit alten oder neuen Freunden einladen. Hier bekommt man auch dieselben Speisen wie im oberen Stockwerk und kann dazu aus 14 Biersorten wählen; manche nennen sich »Stone Arrogant Bastard« oder »Delirium Tremens«. Was immer das Bedürfnis: Hier lässt sich mehr als nur eines befriedigen.

Adresse 300 West 116th Street (Nähe Eighth Avenue), New York 10026, Tel. +1 646.692.4935, www.silvananyc.com, silvanabooking@gmail.com | **Anfahrt** Subway: 116 St (A, C, D), Bus: M 2, M 3, M 7, M 10, M 116 | **Öffnungszeiten** Café/Boutique: täglich 8–22 Uhr, Restaurant/Lounge: So–Do 16–2 Uhr, Fr, Sa 16–4 Uhr

89__Sleep Studio

In Morpheus' Armen

Der Schlaf ist nicht nur eine Temposchwelle, die Sie eine Weile entschleunigt, um es danach wieder mit dem Alltag aufzunehmen. Guter Schlaf bedeutet, sich vorzubereiten, sowohl körperlich wie seelisch, rät Michael Rothbard von Sleep Studio.

Seit einiger Zeit wird bewusster geschlafen, es wächst das Wissen darum, wie wichtig gesunder Schlaf für das Wohlbefinden ist und wie wesentlich Ihre Umgebung zu erholsamer Nachtruhe beiträgt – von Einrichtung und Raumbeleuchtung bis zu Nachtwäsche, Geräuschen und Düften. Während Schlafstudien und technologischer Fortschritt zum Verständnis der Biologie beitragen, soll das Ergebnis jedoch immer schön und sinnlich bleiben. Hier will man Menschen nicht aufregen, sondern sie abregen und relaxen. Da eine intime Angelegenheit, unterhält man sich sehr persönlich mit den Kunden, um ihren Lebensrhythmus zu verstehen, Hilfen anzubieten und Barrieren fortzuräumen, die den erholsamen Schlummer verhindern.

Der Flagship-Store in Soho ist ein schicker, sich weit öffnender Raum mit hohen Decken und neutralen Farben; man setzt auf natürliche Materialien wie etwa Hängelampen mit Federn. Nippen Sie an einer Tasse Kräutertee, während Sie sich die Qualitätsbetten, Zubehör, Luxusnachtwäsche, Negligés oder eine Schlafapotheke mit entspannenden Düften und Bädern ansehen.

Das Motto der Firma: *Sleep Beautifully.* Hier wird alles getan, um die Kundschaft in einen schläfrigen Zustand zu versetzen – mittels Kaschmirslippern, Seidennachthemden, Mohairdecken oder Kissen mit Daunen sibirischer Gänse. Im Feature: ein Bett deutscher Herstellung, bei dem sich die Körperposition feintunen lässt. Es ist ein Schlafsystem, das »Ihnen genauso auf den Leib geschneidert wird wie ein Kleidungsstück«. In einem Laden, in dem sich alles ums Schlafzimmer dreht, wird der Gedanke daran bald unwiderstehlich, mit göttlicher Lust ins Bett zu gehen. Vielleicht auch nicht nur mit Morpheus.

Adresse 73 Wooster Street (Nähe Spring Street), New York 10012, Tel. +1 212.756.1280, www.sleepstudio.com, soho@sleepstudio.com | **Anfahrt** Subway: Spring St (C, E); Canal St (A, 1); Prince St (N, R), Bus: M 5, M 20, M 21 | **Öffnungszeiten** Mo−Sa 11−19 Uhr, So 12−18 Uhr

90___Sockerbit Swedish Candy

Salzlakritz und Safranlutscher

Ganz in Weiß, in weiches Licht getaucht, verführerisch rein: Wie ein Himmel von Hollywoods Gnaden präsentiert sich dieser ätherische, monochromatisch gehaltene Laden – abgesehen von der Hauptattraktion, dem wilden Aufstand der Farben in allen 168 Schubladen. Entlang einer der Wände fächert sich ein Spektrum von süßen Regenbögen aus Pastell- und Primärfarben auf. In jedem der durchsichtigen Behälter liegen skandinavische Schleckereien in mundgerechter Größe, »smågodis« genannt, und repräsentieren die Vorlieben der Leckermäuler schwedischer, dänischer, norwegischer und finnischer Provenienz. Vertreten sind alle Formen, Größen und Beschaffenheiten – gummiartig, geleeweich, klebrig, cremig, knackig – und alle nur erdenklichen Geschmacksrichtungen.

Vieles davon dürfte Ihrer Zunge völlig neu sein, allein die Namen kitzeln: »hallonbåytar«, »Himbeerbötchen«, »stora surskallar«, »große Sauerschädel«, oder »bumlingar jordgubb«, »Erdbeerbrocken«.

Anderes finden Sie woanders erst gar nicht: schokoumhülltes Müsli, salzige Lakritze in Tintenfischform, Rosinen-Toffee, Safranlutscher, Schokolade mit flüssiger Minzfüllung, angeschwipste Pralinen.

Das Konzept sieht es vor, jeden Naschtraum wahr werden zu lassen – tütenweise und abwechslungsreich. In Schweden nämlich ist es den Kindern – Highlight der Woche! – immer samstags erlaubt, sich nach Herzenslust mit Süßem vollzustopfen. Glücklicher- und gesunderweise enthält das Naschwerk von Sockerbit nur hochwertige natürliche Zutaten; süß ist auch nicht die einzige Richtung, in der es hier auf der Zunge zergeht, ebenso gibt es Saures, Salziges und Scharfes.

»Sockerbit« bedeutet »Zuckerwürfel«; es ist der Name eines weißen Marshmallows in Kubus-Form, das Wort bezeichnet aber auch die entscheidende Inspiration bei der Einrichtung des Ladens. Es ist ein Erlebnis, hier zu sein und es sich vom bunten Smörgåsbord schmecken zu lassen – im Himmel über Schweden.

Adresse 89 Christopher Street (Nähe Seventh Avenue), New York 10014, Tel. +1 212.206.8170, www.sockerbit.com, hello@sockerbit.com | **Anfahrt** Subway: Christopher St-Sheridan Sq (1); West 4 St (A, C, E, B, D, F, M), Bus: M 5, M 8, M 20 | **Öffnungszeiten** So–Do 11–20 Uhr, Fr, Sa 11–21 Uhr

91__Stick, Stone & Bone
Good Vibes

Im Eröffnungsjahr 1990, lange bevor Wellness zum Begriff wurde, waren Heilmethoden des New Age noch Neuland und begegneten eher Skepsis. Schon damals jedoch gab es überzeugte Anhänger, die alternative Praktiken unterstützten – und sie wurden mehr. Heute wendet man sich ganz selbstverständlich an professionelle Heiler, Schamanen, Reiki-Meister und andere Vertreter der Wellnesskultur.

Die Superstars sind dabei die penibel beschrifteten Steine und Kristalle. Allerdings ist es nicht notwendig, zu verstehen, warum ein Stein Ihr Wohlbefinden steigert. »Die Steine lesen Ihre Bedürfnisse. Es ist wie ein intimer Austausch mit den Elementen der Erde«, glaubt Mitinhaberin Linda Curti. Yolanda Miller und sie machten aus ihrer Faszination für die Heilkräfte der Natur einen One-Stop-Shop, in dem es alles gibt, was man auf seiner mystischen Reise durchs Leben so braucht.

Weihrauch umwabert Sie, während Sie den fröhlichen Laden betreten, der vor positiver Energie förmlich zu bersten scheint. Es mag an den Kristallen liegen oder an der Wand mit den indianischen Traumfängern; sicher aber liegt es an den Vibes, die das Team selbst ausstrahlt. Die engagierten Mitarbeiter beraten auch äußerst fachkundig. »Diese Karten kauft man nur für sich selbst, oder?«, fragt ein Kunde. »Ja, die sollte man nicht verschenken. Tarotdecks muss man sich selbst aussuchen.«

Wählen Sie zwischen Weihrauch, Duftkerzen, handgemachtem Schmuck, Indianerfedern, Kultgegenständen, seltenen Edelsteinen und Mineralien, Medizinbeuteln, Kräuterkästchen und Fächern für Rauchzeremonien. Während das meiste hier Meditation und Therapie dient, zieht vieles auch Sammler und Menschen auf der Suche nach dem besonderen Geschenk an. Selbst wenn der Beglückte es gar nicht so mit dem Spirituellen hat, freut sich jeder über die Wärme einer Duftkerze oder über ein hübsches Schmuckstück – das nur rein zufällig angenehme Schwingungen aussendet.

Adresse 111 Christopher Street (Nähe Hudson Street), New York 10014, Tel. +1 212.807.7024 | **Anfahrt** Subway: Christopher St-Sheridan Sq (1); West 4 St (A, B, C, D, E, F, M), Bus: M 5, M 8, M 11, M 14, M 20 | **Öffnungszeiten** So–Fr 12–20 Uhr, Sa 12–21 Uhr

92__Story
Bilder einer Ausstellung

In New York öffnen und schließen Läden im Takt von Wimpernschlägen. In der einen Woche ist es ein Cupcake-Shop, eine Woche später zu vermieten und einen Monat später ein Nagelstudio. Erbarmungslos. Was also ist das Erfolgsrezept? Das Angebot und Image frisch zu halten? Aber wie? Die Kundschaft mit Rätselraten beschäftigen? Sich selbst andauernd neu erfinden?

Genau dies tut Story alle sechs bis acht Wochen. Seine Lage in der Nähe von Chelseas Kunstgalerien, dem hippen Meatpacking District und direkt gegenüber High Line, dem neuen Lieblingsviertel der Touristen, ist ideal, um einen sich stetig wandelnden Strom von Kunden in einen Laden mit ständig wechselnder Identität zu lenken.

»Einzelhandel ist einfallslos«, sagt Inhaberin Rachel Schechtman, die im ersten Jahr Gewinn eingefahren hat. »Ich glaube an starke Überraschungs- und Spaßfaktoren.« Ihre Zeit bei der Markenentwicklung hat dazu geführt, dass sie das Modell des althergebrachten Geschäfts zu überdenken begann. »Forbes« war beeindruckt: »Der neue Konzeptladen hat New Yorks Einzelhandel auf den Kopf gestellt.«

Man denke wie der Redakteur einer Zeitschrift, die sich in jeder Ausgabe einem neuen Thema widmet. Oder wie eine Kunstgalerie mit stets neuen Attraktionen. Man ersinne eine bezwingende Geschichte, dekoriere den Laden um, ändere entsprechend das Warenangebot – *et voilà*: alle paar Monate ein neuer Laden an alter Adresse.

Vergangene Story-Themen waren »Love«, »Color«, »NYC«, »Made in America«. Um die Übergänge zu finanzieren, helfen Sponsoren. Der Farbenhersteller Benjamin Moore Paints etwa gestaltete den Laden für »Color Story« um und organisierte einen Talk zum Thema Tapetenwechsel. »Nerve.com«, Online-Magazin und Dating-Seite, bot Kunden Gratis-Abos an. Um mit frischen Ideen und Produkten aufwarten zu können, bringt Story kleine Marken und Start-ups auf den Markt.

Fragen Sie nicht nach dem Thema der nächsten Ausstellung – Überraschung!

Adresse 144 Tenth Avenue (Ecke 19th Street), New York 10011, Tel. +1 212.242.4853, www.thisisstory.com, hello@thisisstory.com | **Anfahrt** Subway: 14 St (A, C, E, L), Bus: M 11, M 14, M 20, M 23 | **Öffnungszeiten** aktuelle Öffnungszeiten nach telefonischer Vereinbarung

93 — Strand Bookstore

18 Meilen Bücher

Auf der Londoner Literatenmeile »Strand« flanierten einst Charles Dickens und Kollegen, auf der New Yorker Büchermeile, der Book Row, wurde 1827 – benannt nach dem britischen Vorbild – der Strand Bookstore eröffnet und war damals nur einer von 48 Buchläden, die sich seit den 1890er Jahren dort angesiedelt hatten. Dem Gründer Ben Bass schwebte vor Augen, einen Ort zu schaffen, an dem Freunde gebrauchter Bücher zusammenkommen konnten. Sowohl für Autoren als auch für Leser entwickelte sich der Laden in Greenwich Village schnell zu einer Institution.

Heute stehen hier 2,5 Millionen gebrauchte und neue Bücher sowie Raritäten: »über 18 Meilen Bücher«. Draußen auf der 12th Street wühlt sich die Menge durch Sonderangebote – manch einer auf der Suche nach dem unentdeckten Sensationsfund. Auf der unteren Ebene springen mehrere Gänge mit herabgesetzten Rezensionsexemplaren – oft von Bestsellern – ins Auge.

Am eindrucksvollsten jedoch wird es im »Rare Book Room« in der zweiten Etage; wer dort seinen Fuß hineinsetzt, den überkommt das Gefühl, einen altehrwürdigen Literatursalon zu betreten. In dem lichtdurchfluteten Raum stehen vom Boden bis zur Decke ledergebundene Klassiker, Holzdielen von 1901 machen den Vintage-Charme perfekt. Die Regale beherbergen ultra-rare Einzelstücke: von Probedrucken und ersten Ausgaben bis zu signierten Büchern und Manuskripten – etwa ein von Prinzessin Diana signierter Christie's-Katalog oder Werke, die den Namenszug von Einstein, Mark Twain oder James Joyce tragen. Die Sammlung wird ständig ausgebaut und ist Schauplatz wöchentlicher Lesungen durch Literaturstars, zu denen die Öffentlichkeit eingeladen ist; für Neuerscheinungen finden hier auch PR-Partys statt.

»The Strand« ist stolz auf seinen Ruf, ein Buchladen zu sein, der primär den Bürgern von Greenwich Village offen steht, aber auch stadt- und weltweit als Insel der Herrlichkeiten für Literaten, Gelehrte und Bibliophile gilt.

Adresse 828 Broadway (Ecke 12th Street), New York 10003, Tel. +1 212.473.1452, www.strandbooks.com, strand@strandbooks.com | **Anfahrt** Subway: 14 St-Union Sq (4, 5, 6, N, Q, R, L), Bus: M 1, M 2, M 3, M 8, M 14, M 102, M 103 | **Öffnungszeiten** Mo – Sa 9.30 – 22.30 Uhr, So 11 – 22.30 Uhr

94 Streit's Matzos

Biblisches Brot

Seit 1925 backt die Familie Aron Streit ihre koscheren Matzen für die jüdische Kundschaft New Yorks – und heute auch für das ganze Land, teils sogar fürs Ausland. Derzeit von der vierten Generation geführt, hält sich Streit's unverwässert an die ursprünglichen Rezepte des alten Europa und ist die letzte familiengeführte Firma der USA, die sich dem Pessach-Brot noch gänzlich ungesäuert widmet, während andere ihre Betriebe an große Unternehmen verkauft haben. Die zupackenden jüngsten Streit's – Enkelinnen und Großenkel – hoffen, ihre Tradition auch an zukünftige Generationen weitergeben und so jüdische Traditionen und Werte am Leben erhalten zu können.

Noch immer in Betrieb ist auch die Matze-Maschine, die Urgroßvater Aron im frühen 20. Jahrhundert hier aufstellte. Streit's mischt nur Mehl mit Wasser, um das biblisch korrekte Brot ohne Hefe herzustellen. Als die Israeliten aus der ägyptischen Sklaverei flohen, blieb ihnen keine Zeit, den Teig gehen zu lassen, was in der Eile zu flachen, wüstengebackenen Matzen führte und noch heute gegessen wird wie vor Tausenden von Jahren.

Manche modernen Varianten wie etwa die mediterrane mit sonnengetrockneten Tomaten sind seither auch hier hinzugekommen. Alle sind koscher und vom Rabbi vor Ort abgesegnet. Die Brotfabrik und der Laden stehen noch immer am Originalstandort auf der Lower East Side, einst Herz der jüdischen Gemeinde. Im Geschäft gibt es auch weitere traditionelle Lebensmittel wie Eiernudeln, Borschtsch, Matzebällchen, verschiedene Kartoffelpfannkuchen – sogenannte Latkes –, Gefilte Fisch, Makronen und Spezialitäten aus Asien und dem Vorderen Orient.

Durch die Glasscheibe lässt sich beobachten, wie frisch gebackene Matzen vom Band laufen und verpackt werden. Wer Glück hat, macht auf sich aufmerksam und ergattert eine der knusprig heißen Köstlichkeiten: So knackfrisch und ehrwürdig bejahrt zugleich schmeckt sonst nichts auf der Welt.

Adresse 148–154 Rivington Street (Nähe Suffolk Street), New York 10002, Tel. +1 212.475.7000, www.streitsmatzos.com, info@streitsmatzos.com | **Anfahrt** Subway: Delancey St (F); Essex St (J, M), Bus: M 9, M 14, M 15, M 21 | **Öffnungszeiten** Mo–Do 9–16.30 Uhr

95 Surma Ukrainian Shop
Wo Ostereier die Welt retten

Auch Blau-Gelb wohnt in New York: Seit den 1870er Jahren gab es in East Village eine blühende Enklave der osteuropäischen Kultur, bekannt als Little Ukraine. Die meisten Einwanderer sind weitergezogen; das Zentrum der Volksgemeinde jedoch, die St. George Ukrainian Church, zieht sich zu Weihnachten und Ostern wieder ins Mutter-Gotteshaus zurück.

Gegenüber der Kirche liegt ein kleiner Laden mit einem Originalschild von 1918. Gründer Myron Surmach, Großvater des heutigen Inhabers, versorgte seine Landsleute mit Zeitungen, Büchern und anderen Waren aus der »Heimat«. Mit der Zeit wurde ein Geschenkeladen daraus, der so gerammelt voll mit Kunstgegenständen und Altertümchen ist, dass man sich fühlt wie nach Osteuropa versetzt.

Stöbern Sie durch die bunte Mischung handgearbeiteter Waren: Kelims, Trachtenblusen, Matrjoschka-Puppen, bemalte Eier, Ikonen, Instrumente, Schnitzwerk, Keramikgeschirr. Der ältere Surmach war ein passionierter Imker; die Spezialität des Ladens ist daher eine Auswahl seiner sortenreinen Honige. Auf Regalen stehen Bücher über die ukrainische Geschichte, Traditionen und Feiertage auf Englisch und in der Landessprache; genauso findet man hier populäre wie klassische Musik, Videos und Grußkarten aus der Region.

Surmas bemalte Ostereier oder »pysanky« umgibt eine besondere Faszination: Der ukrainischen Folklore zufolge hängt nichts Geringeres als das Schicksal der Welt an diesem Brauch. Solange Eier bemalt werden, gehe die Welt nicht unter. Bei einem Bruch mit der Tradition allerdings werde das Böse in Gestalt eines Ungetüms den Planeten heimsuchen und ihn zerstören. Mit ordentlich »pysanky« allerdings werde die Liebe obsiegen und die Welt ein sicherer Ort bleiben.

Sie finden hier auch aufwendig verzierte Gänse-, Hühner-, Holz- und Miniatureier. Oder Wachs, Farben und alles andere, was Sie benötigen, um Ihre eigenen »pysanky« herzustellen – und uns hernach vom Bösen zu erlösen!

Adresse 11 East 7th Street (Nähe Third Avenue), New York 10003, Tel. +1 212.477.0729, www.surmastore.com, surma@brama.com | **Anfahrt** Subway: Astor Pl (6); 8 St-NYU (N, R), Bus: M 1, M 3, M 5, M 8, M 15, M 102, M 103 | **Öffnungszeiten** Mo – Fr 11–18 Uhr, Sa 11–16 Uhr

96___Sutton Clock Shop
Als die Welt noch tickte

Sie tickten, gongten, gaben Klappergeräusche von sich, wenn man sie aufzog, kurz: Sie hatten ihre eigene Stimme – und haben sie bis heute bei Sutton Clock Shop. Ein Schritt über die Schwelle dieses winzigen Geschäfts lässt die prädigitale Vergangenheit wieder aufleben. Die Chronometer füllen den gemütlichen Ladenraum, von Großvaters Uhren aus dem 19. Jahrhundert bis zu Weckern der 1960er Jahre. Hier ist die Vermessung der Zeit noch zu hören, während die Uhren ihre Sekunden vor sich hin ticken und jede Viertelstunde läuten.

Knud Christiansen ist Weltklasseruderer gewesen und gehörte 1936, als Hitler die Olympiade in Berlin ausrichtete, zur dänischen Mannschaft. Während des Krieges schloss er sich dem dänischen Untergrund an und ruderte Juden über die Ostsee in Sicherheit, ohne dass ihn deutsche Schiffe bemerkten. Schließlich emigrierte Christiansen, dessen Geschick beim Reparieren von Uhren und Barometern aus seiner Zeit im Vorkriegs-Dänemark stammte, in die USA und eröffnete sein Geschäft 1967 an der Ecke Lexington Avenue und 61st Street, wo sein Schild – eine gigantische Taschenuhr, die aus einem Fenster hing – fast ein halbes Jahrhundert lang die Blicke auf sich zog.

Als er 2012 im Alter von 97 Jahren starb, führten zwei seiner Söhne die Tradition fort und zogen an den heutigen Standort in Yorkville. Sebastian ist einer der wenigen Horologen in New York; seit seiner Kindheit ist er der Faszination Uhrwerk verfallen und benutzt Daddys jahrhundertealte Werkzeuge.

Die Hälfte des Geschäfts macht der Verkauf aus, die andere Reparaturen. Viele der Uhren sind wertvolle Antiquitäten. »Es ist ein bisschen wie Zen. Sie frickeln sich friedlich ans Ziel.«

Während die Zeit vergeht, steht sie gleichzeitig still. Viele der Uhren sind hier, weil ausgedient oder defekt und reparaturbedürftig. Aber es ist ja Sebastian da; er verhilft dem Fluss der Zeit zu neuer Bewegung und tickt absolut panta rhei.

Adresse 218 East 82nd Street (Nähe Third Avenue), New York 10028, Tel. +1 212.758.2260, www.suttonclocks.com, info@suttonclocks.com | **Anfahrt** Subway: 86 St (4, 5, 6), Bus: M 15, M 79, M 86, M 98, M 101, M 102, M 103 | **Öffnungszeiten** Di–Fr 11–16 Uhr

97__ Tannen's Magic
Der Zauberlehrling

1925, im Jahr vor dem Tod des legendären Houdini und während der Blütezeit der Zunft, begann der ehrgeizige Amateur Louis Tannen, gegen Eintritt Zaubertricks vorzuführen. Der bescheidene Laden in Brooklyn zog bald nach Manhattan, wo die Konkurrenz erschlagend war. Aber – Simsalabim! – heute ist er in New York City das älteste Geschäft für Profi-Illusionisten und eines der wenigen, die es überhaupt noch gibt. Noch immer strömen Zauberlehrlinge und alte Hasen herbei, um die neuesten Errungenschaften zu begutachten. Wo Wissen Macht bedeutet, heißt dies, den Rivalen um eine Kaninchenohrlänge voraus zu sein.

Tannen selbst war ein extravaganter Magier, der während des Zweiten Weltkriegs US-Truppen in Übersee in ungläubiges Staunen versetzte. Als unermüdlicher Erfinder neuer Kunstgriffe begann er auch, Requisiten herzustellen, zunächst für Taschentricks, dann für die große Bühne.

Das schwarze Interieur des Ladens ist ein gelindes Understatement. Auf einer Seite befindet sich eine faszinierende Auswahl von Bühnenrequisiten – Schwerter, Mystery Boxes, magische Flammen; auf der anderen stehen Lehrbücher und DVDs. Die Rückseite beherbergt Schubladen voller unzähliger Wunderdinge – von Trickkarten bis zu verschwindenden Tauben. Auf einem Demo-Tisch können Amateure ihr Geschick an Kollegen oder arglosen Kunden testen; in der Sammlerecke ist ein gerahmter Brief mit Houdinis Unterschrift ausgestellt. Von überall kommen die Leute her, um Demonstrationen und Kursen berühmter Magier beizuwohnen; Tannen's Magic Camp, ein weltbekanntes Sommerprogramm, führt aufstrebende Jung-Zauberer in die Schwarzkunst ein.

Das fingerfertige Team demonstriert Ihnen gern jeden Trick. Wenn es Ihnen schließlich gelingt, sich hier loszureißen, werden Sie verblüffter Zeuge eines letzten Zaubertricks: Der Laden selbst – Hokuspokus! – löst sich hinter Ihnen in Luft auf.

Adresse 45 West 34th Street, Suite 608 (Nähe Sixth Avenue), New York 10001, Tel. +1 212.929.4500, www.tannens.com, info@tannens.com | **Anfahrt** Subway: 34 St-Herald Sq (N, Q, R, B, D, F, M); 34 St-Penn Sta (1, 2, 3), Bus: M 1, M 3, M 4, M 5, M 7, M 20, M 34 | **Öffnungszeiten** Mo – Fr 11–18 Uhr, Sa, So 10–16 Uhr

98__ Tender Buttons
Knöpfe mit Kultur

»Ihr bezeugt die Magie winziger Details, kleiner Gesten und zarter Bande in einer lauten Welt voller Prahlerei und Protzerei«, schrieb eine begeisterte Kundin. In einer Zeit, in der »größer« oft mit »besser« assoziiert wird, ist es wichtig, auch das Kleine und vermeintlich Unscheinbare zu zelebrieren.

Tender Buttons ist mehr als ein kurioser Knöpfeladen, von hier aus geht es auf große – kleine – Zeitreise. Im beengten Laden mit seiner antiken Einrichtung fällt sofort die Wand mit gerahmten Themen-Knöpfen aus verschiedenen Epochen auf: viktorianische Gestalten aus »Alice im Wunderland«, Messingverschlüsse vergessener Kriege, handgemalte Pastoralen aus dem 18. Jahrhundert. Angesichts der unverzichtbaren kleinen Helfer, die seit Jahrhunderten buchstäblich Kulturen zusammenhalten, zeigt sich die Geschichte von ganz neuer Seite.

Nach Farbe, Größe, Stil, Material und Thema sortiert, bedecken hier Tausende von ihnen in kleinen Kästchen die ganze Wand. Allein 400 Jackettknöpfe! Sie sind aus Elfenbein, Porzellan, Glas, Bakelit, Plastik, Holz, sogar aus Edelstoffen und -steinen, viele wahre Kostbarkeiten darunter. Und sie offenbaren, wie sehr wir es brauchen, unser Alltagsleben aufzuhellen und Schönheit im Banalen zu sehen.

Daher leitet sich der Name des Ladens von einem Gedichtzyklus Gertrude Steins – »Zarte Knöpfe« – ab, der sich mit prosaischen Gegenständen befasst. 1964 gegründet und noch immer von Millicent Saffro geführt, einer ehemaligen Restaurateurin, liegt das Geschäft in einem bescheidenen Backsteinhaus der Upper East Side. Hier geben sich Designer, Kostümbildner, Schneider und Sammler die Klinke in die Hand; Geschichtsfans eröffnet sich eine ganz neue Perspektive auf das scheinbar Triviale.

Sie möchten einen verlorenen Knopf ersetzen, ein altes Kleid aufpeppen oder Ihrem Lieblingsmantel eine neue Persönlichkeit verleihen? Hier finden Sie alles das: Knöpfe, Kultur und Persönlichkeit.

Adresse 143 East 62nd Street (Nähe Lexington Avenue), New York 10065, Tel. +1 212.758.7004, www.tenderbuttons-nyc.com, info@tenderbuttons-nyc.com | **Anfahrt** Subway: 63 St-Lexington (F); 59 St-Lexington (4, 5, 6, N, Q, R), Bus: M1, M2, M3, M4, M15, M31, M57, M66, M101, M102, M103 | Öffnungszeiten Mo–Fr 10.30–18 Uhr, Sa 10.30–17.30 Uhr

99 Textile Arts Center
Wie sind Sie gestrickt?

Sie können Kett- und Schussfaden nicht auseinanderhalten? Dann sind Sie hier richtig. Bei TAC lernen Sie, wie man Stoffe webt, sie mit gedruckten Mustern, Stickereien und Naturfarben verziert, wie man mit Filz arbeitet, maschinell strickt, mit Seide, Leder und Borten umgeht, wie man – kurz gesagt – aus Flicken und Lumpen flotte Lieblingsstücke macht. Wer es nicht so mit dem Häkeln hat, kann sich in der Chic-Boutique unter den handgearbeiteten Schätzen umsehen.

Wie ein Regenbogen fächert sich das Spektrum an textilen Produkten auf: einzigartige Kleider, Beutel, Taschen, Schmuck, Wandbehänge, Skulpturen, Geschenkartikel – alle von den TAC-Lehrern, Schülern, Künstlern und Freunden manuell gefertigt. Sofern Sie bereits zu den Könnern gehören, werden Sie die Auswahl an Spezialgarnen für Webstühle, Zubehör für Kunststickereien oder Fachbücher zu schätzen wissen.

Die kleine Werkstätte samt Shop, die an ein Künstleratelier erinnert, liegt im Herzen von Greenwich Village und bildet einen Ableger des TAC-Hauptgeschäfts in Brooklyn, das Studios für seine Hauskünstler und einen großen Garten für färbende Pflanzen unterhält sowie Kurse für Erwachsene in jeder nur erdenklichen Technik der Textilarbeit offeriert. Das geziegelte Studio in Greenwich Village stellt das urbane Pendant im kleineren Maßstab dar und bietet Feierabend-Kurse an. Auch Kinder ab fünf Jahren können hier lernen, wie man Kleider näht oder Skulpturen aus Textilien formt.

Immer geht es nachhaltig zu; der flexible Charakter des Studios macht es – nach Ladenschluss – zum perfekten Veranstaltungsort für die Textilindustrie; so etwa ist zuweilen auch die Öffentlichkeit zu »Trunk Shows« von Designern eingeladen oder kann sich Fachvorträge über die Verwendung natürlicher Farbstoffe anhören.

Weben Sie sich Ihren Weg und entdecken Sie den Stoff, aus dem Ihre eigene Schaffenskraft ist. Ganz nach Ihrem persönlichen Strickmuster.

Adresse 26 West 8th Street (Nähe MacDougal Street), New York 10011, Tel. +1 646.225.6554, www.textileartscenter.com, info@textileartscenter.com | **Anfahrt** Subway: West 4 St (A, B, C, D, E, F, M); Christopher St-Sheridan Sq (1); 8 St-NYU (N, R); Astor Pl (6), Bus: M 1, M 2, M 3, M 5, M 8 | **Öffnungszeiten** Mo – Fr 10 – 21 Uhr, Sa, So 10 – 18 Uhr

100_ Tiny Doll House
Liliput lebt

»Liebe zum Detail« kommt Ihnen spontan in den Sinn, während Sie sich umsehen und wie hypnotisiert sind von der Vielfalt und Qualität der Miniaturen, die hier wertvollen Museumsexponaten gleich ausgestellt sind. Nahezu jeder Aspekt des häuslichen Lebens ist nachgebildet, meist im Maßstab eins zu zwölf. Von Grillfesten über Kinderpartys und Küchenszenen bis zu sündigen Boudoirs gibt es jede winzige Einzelheit zu bestaunen, die notwendig ist, um einer Modellbauwelt Leben einzuhauchen: Tauben, Teegebäck, Golfclubs, Taschentücher, sogar ein Puppenhaus innerhalb des Puppenhauses, mit dem die Kinder Liliputs auf der Terrasse spielen.

Eher versteckt in einer ruhigen Straße der Upper East Side gelegen, stellt Tiny Doll House den einzig verbliebenen unabhängigen Laden seiner Art in New York City dar – wo es einst mehrere gab. Die meisten haben auf E-Commerce umgesattelt; Inhaber Leslie Edelman jedoch glaubt, dass nichts so überzeugt wie »the real thing«, die unverfälschte persönliche Begegnung. So liebt er es, zu sehen, wie fasziniert seine Kunden mit den Mini-Objekten umgehen oder seine detailgetreuen historischen Tableaus bewundern – vom Mittelalter bis zur Moderne –, die eine ganze Wandlänge in Anspruch nehmen.

Als ehemaliger Innenarchitekt entdeckte er seine Leidenschaft für Mikro-Phantasiewelten, während er ein Modellhaus für seine Nichte einrichtete. Er begann zu sammeln, selbst zu basteln und seine Schätze zu verkaufen. Kinder, Architekten, Hobby-Tüftler und Passanten sind gleichermaßen überwältigt von der Perfektion der Kleinteile. Manche von ihnen, die von Kunsthandwerkern in aller Welt hergestellt werden, brauchen Monate der Entstehung und kosten von ein paar Dollar bis zu Tausenden.

Vielleicht besteht die große Anziehung in der Vorstellung, eine selbst gebaute heile Welt zu bewohnen. Auch wer im richtigen Leben in einer Bruchbude hausen mag, lebt bei seinen Liliputanern im Paradies.

Adresse 314 East 78th Street (Nähe Second Avenue), New York 10028, Tel. +1 212.744.3719, www.tinydollhouseny.com, info@tinydollhouseny.com | **Anfahrt** Subway: 77 St (6), Bus: M 15, M 31, M 72, M 79, M 101, M 102, M 103 | **Öffnungszeiten** Mo – Sa 11–17 Uhr

101_ Tisane Pharmacy & Café
Nie ohne Empa-Tea

Von außen betrachtet ist sie die typische kleine Drogerie von nebenan. Doch der Schein trügt. Einmal eingetreten, bietet sich Ihnen die perfekte Atempause im Alltagsstress, ein Hauch von Nostalgie weht Sie an; dem Charme kleiner Kaffeetische, die Sie an der Tür begrüßen, lässt sich kaum widerstehen. Oder demjenigen der sechs Hocker an der Teebar, an der gesunde Erfrischungen warten. Vom Profi-Team, das sich sehr persönlich um die Kunden kümmert, bis zu den vertrauten Stimmen der Leute aus dem Viertel, die über das ideale Morgengetränk und Frühstücksgebäck fachsimpeln, heißt Sie hier alles willkommen.

An der Teebar gibt es 60 verschiedene lose Teesorten, darunter viele medizinische Kräutertees, eine tägliche Auswahl an Bio-Kaffees, Smoothies aus frischen Früchten, köstlichen Gebäcken und sogar die traditionelle »New York chocolate egg cream«. Leicht könnte Tisane als New-Age-Teeladen oder als typisch amerikanische Imbissstube der 1950er Jahre durchgehen. Die Massenware der großen Ketten finden Sie hier einfach nicht, dafür eine feine Auswahl bester biologischer, homöopathischer und sonstiger rarer Spezialprodukte, die andere Drogerien nicht führen.

Tisane wurde 2011 von zwei Apothekern gegründet und kommt gerade recht zu einer Zeit, in der Pharma-Superstores auf dem Vormarsch sind und die kleinen Unabhängigen es schwerer und schwerer haben. Die Inhaber erkannten, dass die gute alte Drogerie der Wiederbelebung harrte, und ließen ihr sogleich eine Verjüngungskur angedeihen, indem sie ein Löffelchen internationales Flair hinzugaben. Ihre Vision war es, einen Ort zu schaffen, an dem Kunden ihre bevorzugten Importprodukte aus fairem Handel kaufen konnten und in dem Ortsansässige einen Treffpunkt fanden, an dem sich über einer frisch gebrühten Tasse Tee oder Kaffee gemütlich die »New York Times« lesen ließ: Heilung nicht als Fließband-Behandlung, sondern als Kunst am Menschen.

Adresse 340 East 86th Street (Nähe First Avenue), New York 10028, Tel. +1 212.517.0037, www.tisanepharmacy.com, info@tisanepharmacy.com | **Anfahrt** Subway: 86 St (4, 5, 6), Bus: M 15, M 31, M 86 | **Öffnungszeiten** Mo−Fr 7.30−20 Uhr, Sa 8−19 Uhr, So 10−18 Uhr

102 — Les Toiles du Soleil

Waiting for the sun

Think big? Think different? No. Think sunny! Strandschirme im Sand, gestreifte Markisen, die in der Brise flattern, ein Spaziergang entlang der Côte d'Azur … Lassen Sie sich ins Licht Südfrankreichs entführen. Der Name des fröhlichen Ladens in Chelsea sagt es bereits: »Der Stoff, aus dem die Sonne ist.« Umgeben von Streifen und noch mehr Streifen in Farben, die Ihre Lippen zum Lächeln bringen, stöbert es sich hier beschwingt durch die schönen Stoffe und Kurzwaren, die seit 150 Jahren von denselben alten Webstühlen derselben alten Manufaktur übers Meer kommen. Seit den 1860er Jahren stellt diese Firma Segeltuch für Espadrilles her. In der katalanischen Region des französischen Südwestens angesiedelt, hat man dort zu den Ersten gehört, die mit Webmaschinen arbeiteten; noch heute entsteht hier das feinste Baumwollleinen für drinnen und draußen. Hier finden Sie es mit bonbonfarbenen Streifen in 1,80 Meter Breite, um stark strapazierten, aber stilbedürftigen Möbeln, Gardinen oder Duschvorhängen den richtigen Look zu verpassen. Zum Angebot gehört auch das wetterbeständige »Sunbrella«-Gewebe für Mobiliar, das unablässig den Elementen ausgesetzt ist – wie etwa die Polsterwürfel, ideale Tischchen zu Canvas-Stühlen im Schatten eines Sonnenschirms. Gestreift in Tutti-Frutti-Pastell, wie sich versteht.

Neben den endlosen Stoffrollen entlang den Wänden gibt es hier auch eine Fülle von Geschenkideen – iPad-Hüllen, Stoffbeutel, Babyschuhe, Sonnenhüte, Teddybären, Küchenschürzen, Cocktailkissen und Ofenhandschuhe. Alle Accessoires werden von Hand genäht und können auch maßgefertigt werden.

Heutzutage haben Wohnungen mehr Außenfläche denn je, auch wenn es manchmal nur ein unschätzbarer kleiner Balkon ist. In einer Stadt, die sonst beinahe exklusiv der Farbe Schwarz huldigt, ist Les Toiles du Soleil der ersehnte Farbklecks auf der Palette. Denken Sie vielleicht doch einmal um und pimpen Sie den Regenbogen!

Adresse 261 West 19th Street (Nähe Eighth Avenue), New York 10011, Tel. +1 212.229.4730, www.lestoilesdusoleilnyc.com, info@lestoilesdusoleilnyc.com | **Anfahrt** Subway: 18 St (1); 14 St (2, A, C, E); 8th Ave (L), Bus: M 7, M 11, M 14, M 20 | **Öffnungszeiten** Mo–Sa 12–19.30 Uhr, So 12–18 Uhr

103_ Toy Tokyo
Tokyo Modell

Den Eingang bewachen illustre Gestalten: Eine bunte Parade riesiger Popgrößen heißt Sie im Land der Phantasie willkommen. Aber Vorsicht! Die glitzernde Palette von Spielzeug und Sammlerstücken trifft Sie wie ein Kulturschock. Manche Passanten bleiben daher stehen, um sich zu vergewissern, dass der Anblick dieser Flut von internationalen Spielsachen real ist. Dann aber, neugierig geworden, beschließen sie, in diesem Meer aus Mini-Figuren einen Nachmittag zu verbringen und in Ruhe zwischen Genres aller Generationen zu stöbern.

Toy Tokyo, nach dem Vorbild ähnlicher japanischer Läden mit greller Beleuchtung und vollgepackten Wühlkisten gestaltet, öffnete 2000. Seither hat es sich den Ruf erarbeitet, die ausgefallensten Sammlerstücke der Stadt zu führen, brandneues Kultmaterial genauso wie Comic-Klassiker und Anime. Bei diesem stetig wechselnden und wachsenden Angebot bleibt ein Besuch selten der letzte; viele Ultra-Fans kommen wöchentlich, um ja nichts zu verpassen. Gelegentlich werden auch Stars gesichtet, ausnahmsweise nicht als Paparazzi-Gescheuchte, sondern selbst auf der Jagd nach dem noch fehlenden Teil in ihrer Sammlung.

Neben weltweiten Importen, zumeist aus Japan und Hongkong, führt der Laden auch die aktuellsten inländischen Artikel. Nicht selten hört man spitze Schreie der Verzückung, wenn das lange vergeblich gesuchte Nostalgie-Teil endlich gefunden ist.

Zu den beliebtesten Attraktionen zählen die riesige Godzilla-Kollektion und Bearbrick-Figuren verschiedener Größen. Kinder von zwei bis 82 finden ihre Lieblinge bei den Superhelden, Smurfs, Care Bears, bei Spiderman, Star Wars, den Transformers, Urban Vinyl oder den Muppets. Ihr neues Spielzeug müssen Sie auch nicht heimlich in einem Tokio-Hotel ausprobieren; es reicht völlig, damit in einen Park in East Village zu gehen. Hier sind Ihnen alle Toleranz und aller Spaß der Welt sicher – mit Ihrem neuen Tokyo-Modell!

Adresse 91 Second Avenue (Nähe 5th Street), New York 10003, Tel. +1 212.673.5424, www.toytokyo.com, customerservice@toytokyo.com | **Anfahrt** Subway: Astor Pl (6); 2nd Ave (F), Bus: M 1, M 2, M 3, M 8, M 15, M 21, M 101, M 102, M 103 | **Öffnungszeiten** So–Do 13–21 Uhr, Fr, Sa 12.30–21 Uhr

104 — Trash and Vaudeville

Take a Walk on the Wild Side

Als sich der Punk ins permanente Bewusstsein prügelte: 1975 eröffnet, war Trash and Vaudeville einer der ersten Läden der Gegenkultur in der Stadt. Seit vier Jahrzehnten nun widmet man sich hier den rattigen Seiten des Rock-Star-Images, reflektiert Stile, setzt neue Trends, versorgt »entrechtete Rockfans und Fashion-Insider«, wie die »New York Times« schrieb, mit den coolsten Outfits und zieht auch viele »Working Class Heroes« an, die auf modische Abstecher zur »Wild Side« stehen. Von der Rock- und Punk-Szene der 1970er Jahre auf dem St. Marks Place herstammend, gehörte der Laden zu den Favoriten der Ramones, der Heartbreakers, der Dead Boys, Blondie und weiterer Bands. Noch heute nimmt er zwei Etagen einer alten Mietskaserne ein und ist dem grungigen Look samt Graffiti und Kiffer-Ästhetik, wie er typisch für East Village ist, treu geblieben. Hier stöbert man durch Ständer mit nietenbesetztem Leder, Skulls, hautengen Hot Pants; durch Regale mit T-Shirts, klobigen Stiefeln, Bikerwesten und endlosen Nieten-, Ketten- und Glitzer-Accessoires. Die Auswahl ist tatsächlich wild und schreit förmlich vor punkgerechter Aggression und Provokation.

Als Teenager hat es Ray Goodman magisch zum Energiezentrum des Blocks hingezogen. Welche Szene auch immer sich dort gerade tummelte – Beatniks, Hippies, Glams oder Punks –; alles ging auf dem St. Marks ab. Kultige Veranstaltungsorte wie Electric Circus, Fillmore East und CBGB's lagen alle nur wenige Blocks entfernt, was Goodman dazu inspirierte, einen Laden aufzumachen, der sogar die Phantasie der Stars anregte. Manager und neuer Inhaber Jimmy Webb, das Gesicht des Unternehmens, erklärt das Geschäft stolz zur »Droge« seiner »Wahl«.

Hier fließen die Energieströme noch, und die Kunden – ob nun altgediente Rebellen oder Neugierige – fühlen sich in eine andere Welt versetzt, in einen anderen Lebensstil, so klassisch wie ewig neu. Immer aber: Rock'n'Roll.

Adresse 4 St. Marks Place (Nähe Third Avenue), New York 10003, Tel. +1 212.982.3590, www.trashandvaudeville.com, customerservice@trashandvaudeville.com | **Anfahrt** Subway: Astor Pl (6); 8 St-NYU (N, R), Bus: M 8, M 15, M 101, M 102, M 103 | **Öffnungszeiten** Mo – Do 12 – 20 Uhr, Fr 11.30 – 20.30 Uhr, Sa 11.30 – 21 Uhr, So 13 – 19.30 Uhr

105 Twig Terrariums

Zombies, Zen und freie Liebe

Ziemlich olle Kamelien: Bereits die alten Griechen zogen Pflanzen in glockenförmigen Gefäßen. 1830 schloss ein Botaniker Ziergrün in Glas ein, schrieb darüber den Aufsatz »Über das Wachstum von Pflanzen in Glasbehältnissen« und trat damit bei den Viktorianern einen Trend los. Erst in den siebziger Jahren des 20. Jahrhunderts belebte die Zurück-zur-Natur-Bewegung die Kunst des Gärtnerns auf minimalem Raum neu.

Zeitsprung nach vorn und zur einzigartigen Terrarienboutique Twig – »Zweig« – in Brooklyn, dem Wirklichkeit gewordenen Traum zweier Schulfreunde, die in »Glasbehältnissen« Miniaturwelten entstehen lassen: Hier gedeiht das Grün in recycelten Bottichen, Reagenzgläsern, Medizinfläschchen, Kaugummiautomaten, Teetassen, Glühbirnen – je abgefahrener, desto angesagter. Jedes Terrarium bildet einen malerischen Mikro-Kosmos ab, viele mit Hilfe kleiner Figuren – von idyllischen ländlichen Szenen bis zu schrägen Geschichten, die auf Ideen der Inhaber beruhen. Nicht zwei von ihnen gleichen sich.

Die Highlights für das Auge des Voyeurs rangieren von pastoral bis poppig: weidende Schafe, eine Frau im Lotussitz, ein im Geäst verfangener Fallschirmspringer, ein Pärchen im Gebüsch, ein Gefängnisausbruch, ein Raubüberfall im Central Park. Hier finden Sie lebende, atmende Stillleben in 3-D. Leise sind sie nicht immer; oft fallen die Pointen herrlich respektlos aus.

Die Szenen Liliputs benötigen Steine zwecks Drainage, Kohle- oder Moosfilter und Substrat. Gärtnerisches Know-how braucht es für ein Basis-Modell nicht; sobald das winzige Öko-System zu seinem Gleichgewicht gefunden hat, kann es sich selbst erhalten. Bei Twig bekommen Sie fertig eingerichtete Terrarien, können sich aber auch Do-it-yourself-Bausätze zulegen und einen der Workshops besuchen. Lernen Sie, lachen Sie und genießen Sie die sublime Ironie, ein perfekt gepflegtes Stück vom Garten Eden zu besitzen – mit Zombies, Zen und freier Liebe!

Adresse 287 Third Avenue (Nähe Carroll Street), Brooklyn 11215, Tel. +1 718.488.8944, www.twigterrariums.com, info@twigterrariums.com | **Anfahrt** Subway: Union St (R), Bus: B 37, B 63, B 103 | **Öffnungszeiten** Do – So 12 – 19 Uhr

106 Uncle Sam's Army Navy Outfitters

The Real Deal

Worin besteht sie, die Faszination für Militaria? Ein Blick auf die urbane Szene New Yorks lässt vermuten, dass in den gegenwärtigen US-Modeströmungen Kampfmonturen eine strategische Nische besetzen: Manche tragen Uniformen als Anti-Kriegs-Statement, andere möchten ihre Stars and Stripes als patriotisches Signal verstanden wissen. Wiederum andere finden's einfach chic und verbinden damit nichts Ideologisches. Gewitzte Stylisten kommen hierher, um Modeshootings abzuhalten, Laufstege aufzubauen, Film- oder Theatergarderobe zu erstehen oder Themen-Events zu veranstalten.

Schließlich ist Uncle Sam's der »real deal«. Lassen wir die Fake-Läden mit ihren Holzfäller-Outfits und vorgealterten Jeans getrost beiseite und begeben uns auf eine Zeitreise durch das 20. Jahrhundert. Seit der Gründung 1969 betreibt das Geschäft einen An- und Verkauf von US-Militärkleidung, erwirbt seine Ware aber auch direkt von verschiedenen Waffengattungen Dutzender Länder weltweit.

Der Flagship-Store in Greenwich Village bietet authentische Rucksäcke aus dem Vietnamkrieg samt eingenähtem Namensschild oder Fliegerjacken der Royal Air Force. Aber auch Tarn-Badeanzüge, warme russische Pelzmützen mit Ohrenschutz, sogenannte Uschankas, personalisierte Erkennungsmarken, Kapitänsjacken der Navy, Kampfgürtel, Pfefferspray, FBI-T-Shirts für ein paar Dollar oder kanadische Militärmäntel mit Messingknöpfen für ein paar hundert gibt es hier. Die Bedienung des Ladens wird als »wahnsinnig aufmerksam« beschrieben, und die Outfits von Uncle Sam's haben so manches Cover des »Rolling Stone«, »GQ«, »FHM« oder »Seventeen« geziert. Auch die Prominenz ist hier gesichtet worden – inklusive Bill Clinton, Calvin Klein, Michael Jackson, Bono, Pink, P. Diddy, 50 Cent, Billy Zane sowie der Mädels von »Sex and the City«. Keiner von denen ließe sich mit einem Billig-Imitat erwischen!

Adresse 37 West 8th Street (Nähe Sixth Avenue), New York 10011, Tel. +1 212.674.2222, www.armynavydeals.com, dani@armynavydeals.com | **Anfahrt** Subway: West 4 St (A, B, C, D, E, F, M); Christopher St-Sheridan Sq (1); 8 St-NYU (N, R); Astor Pl (6), Bus: M1, M2, M3, M5, M8 | **Öffnungszeiten** Mo–Do 10–20 Uhr, Fr, Sa 10–21 Uhr, So 11–20 Uhr

107 __ United Nude
Architektur am Fuß

Als »architektonisches Schlachtfeld« bezeichnet das »Esquire«-Magazin die Bond Street, in der ultra-luxuriöse Lofts im Industrial-Look und wilde postmoderne Apartments der Phantasie renommierter Architekten entsprungen sind. Der Block zwischen Lafayette und Bowery gibt dabei den extremen Hingucker: Hier trifft Graffiti auf Glamour, die coolsten Fashionistas kaufen direkt neben den Stars.

United Nude, eines der spektakulärsten Geschäfte hier, ist dabei keine Vereinigung globaler Freunde der Freikörperkultur, sondern ein in Schwarz gehaltener Laden, dessen Interieur eine geschwungene Leuchtwand mit unzähligen Fächern säumt. Darin ausgestellt: Architektur am Fuß. Die von Designklassikern und -prinzipien wie »Eames Chairs«, »Mother Nature« und dem »Möbiusband« inspirierte Schuhmode sieht nicht zwingend danach aus, als könnte man darin laufen – bis man an- und ausprobiert. So provokant die sexy Modelle wirken, so bequem sind sie zu tragen, wenn man bedenkt, welch extremes Fashion-Statement frau damit macht. Nur die dreistesten Tabubrecher werden angeheuert, um ihre Ideen vorzustellen: Ein Modell aus Vinyl ähnelt einer freischwebenden Treppe; eine preisgekrönte Skulptur von einer Sandalette umwindet den Fuß an einem einzigen Streifen. Die Queen des Quergetragenen, Lady Gaga, gab hier über 30 Zentimeter hohe High Heels in Auftrag.

Creative Director Rem D. Koolhaas ist der Neffe des gleichnamigen niederländischen Architekten. Gemeinsam mit Schuhdesigner Galahad Clark testet er die Grenzen des Machbaren durch Technik wie etwa 3-D-Bildgebung. Fragen Sie nur nach dem schwarzen Fake-Lamborghini im Schaufenster; das Ergebnis wird ein Vortrag über »Ultra Low-Resolution Technology« sein.

United Nude ist perfekt positioniert, um die Welt zu Fuß zu revolutionieren: »Wir haben nicht mit den Gesetzen für konventionelle Schuhe gebrochen, um sie zu brechen, sondern weil sie uns unbekannt waren.«

Adresse 25 Bond Street (Nähe Lafayette), New York 10012, Tel. +1 212.420.6000, www.unitednude.com | **Anfahrt** Subway: Bleecker St (6); Broadway-Lafayette (B, D, F, M); Prince St (N, R), Bus: M 1, M 2, M 5, M 8, M 15, M 21, M 103 | **Öffnungszeiten** So, Mo 12–19 Uhr, Di–Do 11–19 Uhr, Fr, Sa 11–20 Uhr

108 Village Tannery

Lebenslang für Taschen

Es sind Muster, die Sie bewundert haben mögen, ihren wahren künstlerischen Wert aber vielleicht noch nicht zu schätzen wussten. In einer abgelegenen Straße in NoHo heißen Sie feiner Lederduft und einladende Farben willkommen. Einmal eingetreten, können Sie nur staunen – über die verschiedenen Größen, Formen und Stile der Taschen, die hier liebevoll handgenäht werden, manche in populärer Machart, andere als Unikate. Die Handwerkskunst der Alten Welt und die Verwendung nur der besten Häute bringen einige der bemerkenswertesten Originale hervor, die Sie jemals gesehen haben – in einer lebhaften Palette von Farben, Zeichnungen und Designs.

Die türkischstämmige Designerin Sevestet hat sich als eine der anerkannten Innovatorinnen der Lederbranche etabliert. In der offenen Werkstatt hinten im Laden sind ihre Fachkräfte dabei zu sehen, wie sie jedes Stück zuschneiden und nähen. Sie fangen als Lehrlinge an und erlernen die nötigen Techniken von Meistern.

Der Laden ist ein regelrechter Wald aus Rucksäcken, Handtaschen, Clutches, Hobo-Bags, Einkaufstaschen, Matchbeuteln, Reisetaschen, Gürteltaschen, Satteltaschen oder Etuis für Ihr iPad. Sie können sich auch Ihre eigenen Design-Ideen mitbringen oder sich einen Gürtel maßschneidern lassen. Vom Günstigen bis zum Extravaganten gibt es hier preislich alles.

Ein ganz besonderer Service: Village Tannery bietet eine lebenslange Garantie auf ihre Produkte. Zuletzt brachte ein Kunde eine Reisetasche zur Reparatur, die er 21 Jahre zuvor hier gekauft hatte. Sie wurde gratis repariert – und eine neue Tasche als Ersatz angeboten. Der Kunde lehnte lächelnd ab und erklärte, er liebe das abgenutzte Teil mehr denn je. Natürlich.

Eine Tasche macht noch keine Gerberei. Hier jedoch empfindet man jede einzelne als »Triumph von Seele und Geist«.

Sie kaufen Jahre der Kunstfertigkeit und Tradition, ein zeitloses und wundersames Stück Handwerk. Sie kaufen Kunst.

Adresse 7 Great Jones Street (Nähe Broadway), New York 10012, Tel. +1 212.979.0013, www.villagetannery.com, villagetannery@aol.com | **Anfahrt** Subway: Bleecker St (6); Broadway-Lafayette (B, D, F, M), Bus: M 1, M 2, M 5, M 8, M 21, M 103 | **Öffnungszeiten** Mo – Sa 11–19 Uhr, So 12–18 Uhr

109 __ Vintage Thrift Shop
Gemmen und Grammophone

Wenig Platz ist eine große Herausforderung, manchmal auch ein großer Triumph. So bescheiden etwa der Vintage Thrift Shop in Gramercy dimensioniert ist, so viel Sorgfalt erfordert das Sortiment – eine Sorgfalt, wie sie weit eher in Luxus-Tempeln als bei Secondhandläden anzutreffen ist. Vom Boden bis zur Decke füllen den kostbar knappen Raum stylishe Haushaltswaren, Möbel, Kunst, Bücher, Musik, Schmuck, Kleidung, Schuhe und andere Schätze.

Während die Auswahl erstklassig ist, handelt es sich keineswegs um eine snobistisch-museale Einrichtung; man darf alles anfassen und anprobieren. Das Team dient nur zu gern mit Historischem und Anekdoten rund um die Blickfänge und Prachtstücke, von denen jedes einzelne ein echtes Unikat darstellt. Dies ist auch einer der Gründe dafür, warum der Laden vom wählerischen »Zagat's NYC Shopping Guide« sieben Jahre in Folge zum »besten Secondhandladen in New York City« gekürt worden ist.

Der ganze Stolz dieses eklektischen Reiches der wundersamen Dinge sind seine ausgefallenen Schaufensterdisplays; alle paar Wochen werden die ausgestellten Stücke versteigert. Darunter waren schon neuwertige Donghia-Sessel, Sammlungen von Jadeit, Bakelit, Fiesta-Geschirr oder gar ein antikes Grammophon, das einen regelrechten Bieterkrieg auslöste.

Jedes Einzelteil ist für Bedürftige gespendet worden; der Erlös geht an wohltätige Organisationen. Der Thrift-Shop zieht Kunden wie Spender gleichermaßen an, unter Letzteren viele Stars, sodass der Vorrat an glamourösen Überraschungen niemals ausgeht. Derart opulent sind die Reichtümer, dass in West Village eine Boutique eröffnet werden konnte, in der man Designerstücke aus zweiter Hand und einzigartige Kleidungsstücke erstehen kann.

Ob Sie nun auf der Suche nach einem einzigartigen Geschenk sind oder ob ernsthaftes Sammlerblut in Ihren Adern fließt: Stets wird Ihnen auf engstem Raum das Unerwartete begegnen.

Adresse 286 Third Avenue (Ecke 22nd Street), New York 10010, Tel. +1 212.871.0777,
www.vintagethriftshop.org | **Anfahrt** Subway: 23 St (6, N, R), Bus: M 1, M 2, M 3, M 9,
M 15, M 23, M 101, M 102, M 103 | **Öffnungszeiten** Mo–Do 10.30–20 Uhr, Fr 10.30 bis
zur Dämmerung, So 11–19 Uhr

110__Whiskers Holistic Pet Care

Ein Laden voller Narren

Draußen bleiben muss hier keiner: Willkommen in der schönen neuen Welt alternativer Heimtierpflege. So ungewöhnlich wie die Fassade ist hier auch der Service, den Phil und Randy Klein bieten. Ihnen ist es ein Herzensanliegen, die Vorteile ihres ganzheitlichen Ansatzes an die geliebten Hausgenossen zu bringen – wie Katzen, Hunde, Fische und andere domestizierte Tiere. Die Art und Weise, in der die jeweilige Spezies in der Wildnis gelebt hat, ist bei Whiskers entscheidend für ihre Behandlung, denn Mutter Natur weiß es bekanntlich am besten. Der Erfolg basiert auf sorgfältig ausgewählten Produkten und Methoden – Kräutern, Vitaminen, individuellen Diäten, Shampoos, Rohkost, Hautpflege, natürlichen Leckerbissen.

Tierbesitzer, die an wirkungslosen konventionellen Behandlungsmethoden verzweifeln, können sich zu einer Sitzung bei den selbst erklärten »Tiernarren« anmelden, die hier arbeiten und gern über homöopathische Mittel sowie Bio- und Kräutermedizin aufklären.

Wer durch die Gästebücher blättert, in denen Herrchen und Frauchen überschwänglich ihre Dankbarkeit versichern, sieht, in welchem Maße der Erfolg des 1988 gegründeten Geschäfts auf dem Ansatz beruht, Alternativen zum Mainstream anzubieten. Regelmäßig gibt es hier kostenlose Futterkurse, tiermedizinische Beratung und Tierrettungsaktionen, überdies Empfehlungen für Katzensitter, professionelle Gassigeher, Hundetrainer und Tierpsychologen. Ebenso sind Unmengen von ungiftigem Spielzeug und Leckerlis sowie spezielles Futter zum Selbstkochen im Angebot. Selten ist ein Geschäft so engagiert, was seine Überzeugungen und Produkte angeht, die unsere tierischen Freunde gesund und munter erhalten. Whiskers käfigfreie Katzenrettungsranch gibt heimatlosen Kätzchen, die nur darauf warten, in ein neues Zuhause mitgenommen zu werden, vorübergehend eine Unterkunft. Ohne Knurren und Katzenjammer – hier sind sie alle ganz Tier.

Adresse 235 East 9th Street (Nähe Second Avenue), New York 10003, Tel. +1 212.979.2532, www.1800whiskers.com, healthypet@msn.com | **Anfahrt** Subway: Astor Pl (6); 8 St-NYU (N, R), Bus: M 1, M 3, M 8, M 15, M 102, M 103 | **Öffnungszeiten** Mo – Fr 11 – 20 Uhr, Sa 11 – 19 Uhr, So 12 – 18 Uhr

111__Yonah Schimmel Knish Bakery

Die Hundertjährigen

Yonah Schimmel bezeichnet sich als älteste »knishery« Amerikas, und wenn Inhaberin Ellen Anistratov gefragt wird, ob ihre Knisches frisch seien, erwidert sie: »Sie sind hundert Jahre alt!«, wobei sie auf die besonderen Beharrungskräfte der jüdischen Bäckerei anspielt, die sich seit 1910 am Originalstandort hält. Heute steht sie mit anachronistischem Charme zwischen einem Kino und einem Hotel. Gründer Schimmel verkaufte in den 1890er Jahren von einer Karre aus die Knisches seiner Frau; wenig später eröffnete er den Laden in der Houston Street.

Niemand weiß mit Bestimmtheit, wann und wo Knisches entstanden sind. Für die Uneingeweihten: Es handelt sich um dünne Teigtaschen, die entweder mit Kartoffelbrei oder Kascha – Buchweizen – und gehackten Zwiebeln gefüllt sind. Sie können aber auch mit Heidelbeeren, Kirschen, Käse-Brokkoli, Spinat oder Weißkohl gefüllt sein. Im Laufe der Zeit hat die Bäckerei eine Unzahl von weiteren Füllungen kreiert. Das Wichtigste ist dabei die Frische – niemals tiefgefroren, massenproduziert, frittiert oder anderweitig amerikanisiert. Ebenso werden kein Öl, keine Eier und keine Hefe verwandt. Von Hand werden die runden Schmankerln geformt, dann gebacken und schließlich – heiß und dampfend – mit dem Original-Speiseaufzug aus der Küche im Keller auf Augenhöhe der Kundschaft gehievt. Die alte Vorrichtung ist eine Sehenswürdigkeit in sich.

Während ihrer langen Geschichte hat die »knishery« viele Berühmtheiten angezogen – darunter die Marx Brothers und Larry David. Die Wände sind mit vergilbten Zeitungsausschnitten voller bekannter Gesichter regelrecht tapeziert. Da sich die ethnische Zusammensetzung der Lower East Side sehr verändert hat, gibt es viele der alten Geschäfte nicht mehr. Schimmels Inhaberin der vierten Generation jedoch hat den passenden Spruch für die neue Zeit: »One World, One Taste, One Knish.«

Adresse 137 East Houston Street (Nähe Forsyth Street), New York 10002, Tel. +1 212.477.2858, www.yonahschimmel.com | **Anfahrt** Subway: 2nd Ave (F), Bus: M 15, M 21, M 103 | **Öffnungszeiten** täglich 9–19 Uhr

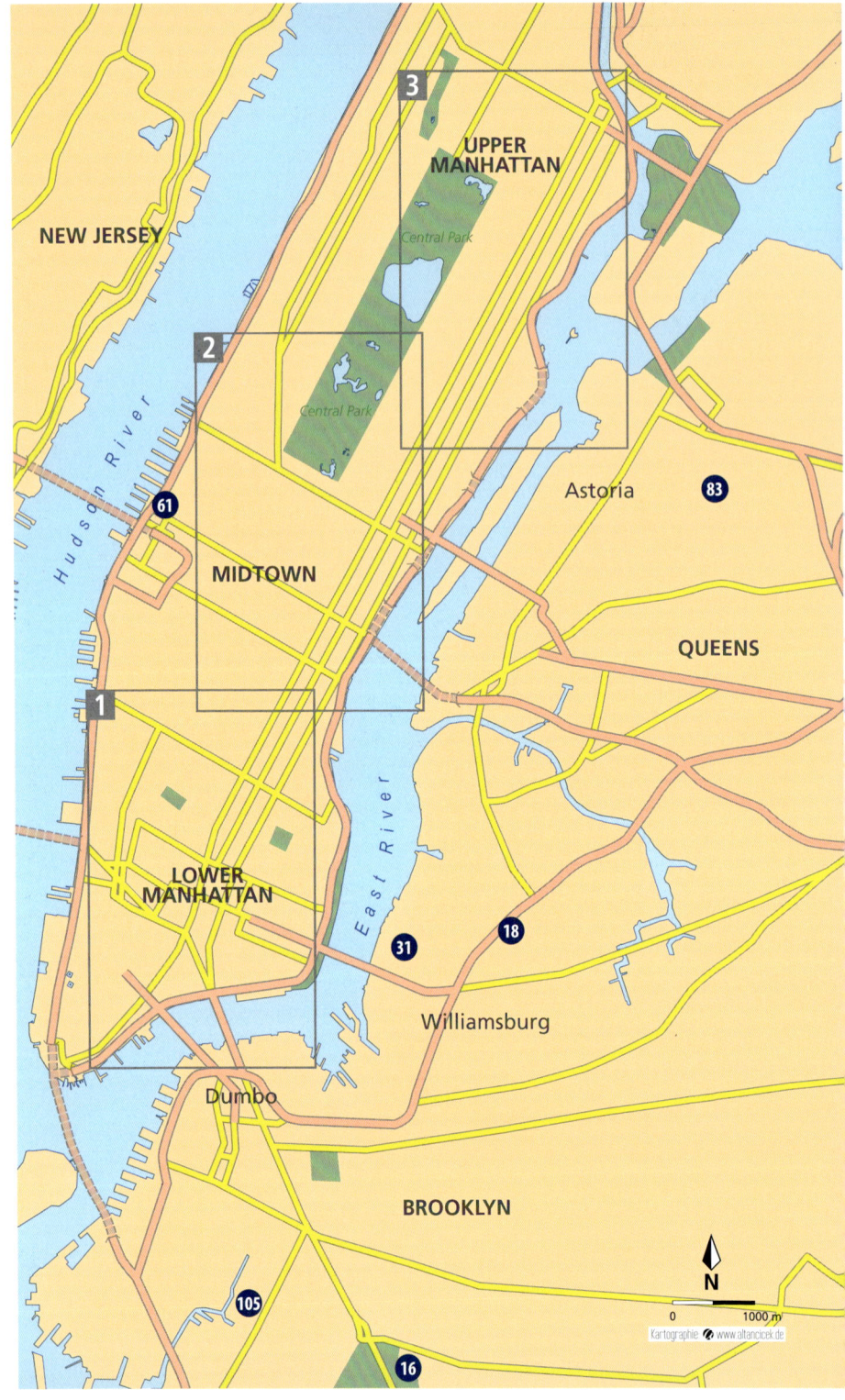

Alexandra Brücher-Huberova
**111 GESCHÄFTE IN MÜNCHEN,
DIE MAN ERLEBT HABEN MUSS**
ISBN 978-3-95451-204-1

Paul Klein
**111 GESCHÄFTE IN HAMBURG,
DIE MAN ERLEBT HABEN MUSS**
ISBN 978-3-95451-218-8

Ralph Bergel, Patricia Schmidt-Fischbach
**111 GESCHÄFTE IN BERLIN,
DIE MAN ERLEBT HABEN MUSS**
ISBN 978-3-95451-334-5

Kirstin von Glasow
**111 GESCHÄFTE IN LONDON,
DIE MAN ERLEBT HABEN MUSS**
ISBN 978-3-95451-340-6

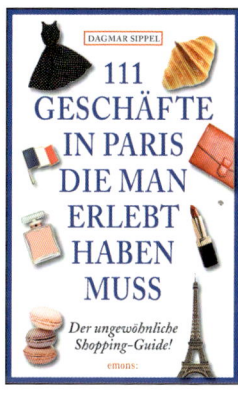

Dagmar Sippel
**111 GESCHÄFTE IN PARIS,
DIE MAN ERLEBT HABEN MUSS**
ISBN 978-3-95451-458-8

Sandra Rauch/Julia Seuser
**111 GESCHÄFTE IN NÜRNBERG,
FÜRTH UND ERLANGEN, DIE MAN
ERLEBT HABEN MUSS**
ISBN 978-3-95451-457-1

Nicoletta Cascio, Brigitte Cordes
**111 GESCHÄFTE IN ROM, DIE MAN
ERLEBT HABEN MUSS**
ISBN 978-3-95451-317-8

Annett Klingner
**111 ORTE IN ROM,
DIE MAN GESEHEN HABEN MUSS**
ISBN 978-3-95451-219-5

Lucia Jay von Seldeneck, Carolin Huder,
Verena Eidel
**111 ORTE IN BERLIN,
DIE MAN GESEHEN HABEN MUSS**
ISBN 978-3-89705-853-8

Rike Wolf
**111 ORTE IN HAMBURG,
DIE MAN GESEHEN HABEN MUSS**
ISBN 978-3-89705-916-0

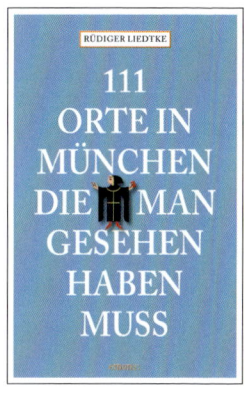

Rüdiger Liedtke
**111 ORTE IN MÜNCHEN,
DIE MAN GESEHEN HABEN MUSS**
ISBN 978-3-89705-892-7

John Sykes
**111 ORTE IN LONDON,
DIE MAN GESEHEN HABEN MUSS**
ISBN 978-3-95451-117-4

Danksagung

Mit aufrichtigem Dank an unser deutsches Team – Achim Mantscheff, Monika Elisa Schurr, Constanze Keutler, Gerd Wiechcinski – und an unser amerikanisches Team: Sudha Dunienville, John Brancati, Sean Nam, Sara Guenoun, Jen Burch. In Dankbarkeit für die hilfreichen Anregungen von Jo-Anne Elikann, Arthur Levin, Lena Tabori, Joost Elffers, Theo Jeuken, Robert Tamburino. Unser spezieller Dank gilt Andreas Landshoff, der uns liebenswürdigerweise an dieses Projekt herangeführt hat. Und – natürlich – in Liebe zu unseren Kindern Jeremy Lusk und Julia Gabor für deren moralische Unterstützung.

Die Autoren

Susan Lusk ist Artdirector, Redakteurin, Fotografin und Autorin. Seit ihr Dad ihr in Kindertagen seine alte Leica geschenkt hat, ist sie der Fotografie verfallen. Sie hat einen Universitätsabschluss in Bildender Kunst und ihr ganzes Leben in New York – dem Zentrum des Universums – gelebt, geliebt und geshoppt.

Mark Gabor arbeitet seit über 30 Jahren als freier Autor und Redakteur. Er wuchs in der historischen Nachbarschaft von »Hell's Kitchen« Manhattan auf, seine Liebe zu New York hat ihn seit Kindertagen zu Entdeckungsreisen in den Straßen der Stadt inspiriert. Er lebte in Soho, East Village und heute in Greenwich Village. Unablässig hält er die Augen nach neuen Geschäften auf – ein Zeitvertreib, dessen Ende so bald nicht in Sicht ist!